教育部人文社会科学研究青年基金项目“基于语料库的译文多维评估体系——以‘四书’英译本为例”（15YJC740111）成果

基于语料库的“四书”英译研究

徐欣 王斌 著

科学出版社
北京

内 容 简 介

作为跨文化传播的一种方式，翻译需要将自己置于文化传播语境下。“四书”英译走过了300多年的历史，不同背景的译者因其不同的历史使命和翻译目的，产生了不同的译本。不同译者各具特色的“四书”英译活动，以其不同类型的译本，满足了不同读者群体的需求与期待。本书基于语料库建设和数据挖掘技术，对“四书”多译本的语体特征、文化负载词在不同译者间的个性化翻译、不同译者的风格呈现、译本背后文化态度的沉潜与发微等研究内容，进行了历时性的特征描写与对比分析，并综合运用了译史相关资料，勾勒了历时状态下不同译者对“四书”的译介和共时状态下不同译本间呈现的诗学特征异同。

本书能够为翻译学、语言学研究者和对中华传统文化感兴趣的读者提供有益参考，具有很好的参考价值。

图书在版编目（CIP）数据

基于语料库的“四书”英译研究 / 徐欣，王斌著. —北京：科学出版社，2021.8

ISBN 978-7-03-056062-9

Ⅰ. ①基…　Ⅱ. ①徐…　②王…　Ⅲ. ①四书-英语-翻译-研究　Ⅳ. ①B222.1　②H315.9

中国版本图书馆 CIP 数据核字（2017）第 315449 号

责任编辑：常春娥　张翠霞 / 责任校对：严　娜
责任印制：李　彤 / 封面设计：蓝正设计

科学出版社 出版
北京东黄城根北街 16 号
邮政编码：100717
http://www.sciencep.com

北京虎彩文化传播有限公司 印刷
科学出版社发行　各地新华书店经销
*
2021 年 8 月第　一　版　开本：720×1000 1/16
2021 年 8 月第一次印刷　印张：9
字数：147 000

定价：98.00 元

（如有印装质量问题，我社负责调换）

获教育部人文社会科学研究青年基金项目“基于语料库的译文多维评估体系——以‘四书’英译本为例”（15YJC740111）资助

获广西民族大学外国语学院外国语言文学一流学科“儒家思想在美国主流媒体的话语建构研究”（2019YLZD02）项目资助

获孔子与山东文化强省战略协同创新中心科研创新重点项目“基于语料库的儒家典籍翻译质量评估研究”（KZXT03ZD08）资助

获山东省高等学校“青创科技计划”项目“当代儒学文献翻译和中国文化‘走出去’”（2019RWC007）资助

目　录

第一章

绪　论

习近平主席 2014 年在纪念孔子诞辰 2565 周年国际学术研讨会暨国际儒学联合会第五届会员大会开幕会上说："孔子创立的儒家学说以及在此基础上发展起来的儒家思想，对中华文明产生了深刻影响，是中国传统文化的重要组成部分。儒家思想同中华民族形成和发展过程中所产生的其他思想文化一道，记载了中华民族自古以来在建设家园的奋斗中开展的精神活动、进行的理性思维、创造的文化成果，反映了中华民族的精神追求，是中华民族生生不息、发展壮大的重要滋养。中华文明，不仅对中国发展产生了深刻影响，而且对人类文明进步作出了重大贡献。"（习近平，2014）

近年来，伴随着"中国文化走出去"，对儒家经典的翻译已经成为一项重要的学术任务。儒家思想是中国传统文化的重要组成部分，也是齐鲁文化的核心构成因子。在讲好中国故事、建构中国话语体系的宏观指引下，对儒家思想外传情况的梳理和规律的研究，已成为一项重要的文化任务和学术使命，可为提升中国对外文化交流水平、建构中国话语、提升国际影响力提供智力支持。

第一节　"四书"英译研究概述

《论语》《孟子》《大学》《中庸》合称为"四书"。《论语》为记录孔子及其弟子言行的实录；《孟子》记录了孟轲的言行；《中庸》《大学》原为《礼记》中发挥经义的两篇文章，经南宋著名理学家朱熹重新编排，宋元以后，成为学校官定教科书和科举考试必读书，对古代教育产生了极大的影响。“四书”蕴含了儒家思想的核心内容，是儒学认识论和方法论的集中体现。

1593年，意大利传教士利玛窦（Matteo Ricci）将“四书”翻译为拉丁文，据考证，这是儒家经典最早的译本。但是因为种种原因，这部译著现已失传。自利玛窦以后，“四书”被源源不断地翻译成各国文字，传播到世界各地。这是最早译介到西方的中国典籍之一。1828年，第一部“四书”英译本问世。该书由英国传教士柯大卫（David Collie）翻译，历时两年。从此拉开了“四书”英译的帷幕。此后的近两百年，不同“四书”译本纷纷出现，最突出的是“四书”英语单译本——《论语》《孟子》《大学》《中庸》，因为其译本数量最多。据不完全统计，“四书”全译本有6部，《论语》英译本有52部，《孟子》英译本有14部，《大学》英译本有8部，《中庸》英译本有6部（于培文，2016）。

近年来，学者们对“四书”全译本或“四书”中单部典籍——《论语》《孟子》《大学》《中庸》的英译本展开研究，主要涉及如下三个方面：一是译者研究，这类研究主要关注译者的生平、翻译思想、翻译动机、翻译策略等，如王辉（2003a）、李冰梅（2009）、冀爱莲（2010）、田怡俊和包通法（2010）、谭晓丽（2011）、吴争春（2012）等；二是译本研究，这类研究主要分析单个译本或对比多个译本，如刘重德（1988）、王辉（2007a）、刘单平（2011）等；三是译本在英语世界的传播研究，如马祖毅和任荣珍（1997）、顾犇（1999）等。

一、“四书”译者研究

目前国内外研究者逐步从介绍译者生平转向了评论译者在中西文化交流中扮演的角色。译者研究主要聚焦于知名汉学家和国内知名译者，如马礼逊（Robert Morrison）、柯大卫、理雅各（James Legge）、辜鸿铭、林语堂、许渊冲等。

作为“四书”全译本英译第一人，柯大卫的译著对后世产生了一定影响。柯大卫在担任马六甲英华书院第三任院长期间（1825—1826 年），翻译完成“四书”，书名为《四书译注》（*The Chinese Classical Work Commonly Called the Four Books*），并于 1828 年在马六甲美华印刷所（Mission Press）出版（该译本原著现存于大英博物馆，中国国家图书馆有其影印版）。

理雅各作为“四书”英译第二人和牛津大学第一位汉学教授，对柯大卫译本非常不满，认为该译本翻译错误较多，随意误读“四书”，难以准确传递儒家思想。于是理雅各花费 20 多年时间，重新翻译了“四书”并将该译作命名为《中国经典》（*The Chinese Classics*）。

作为国内第一位英译“四书”的学者，郑麐于 20 世纪初曾先后留学哈佛大学、牛津大学，研读哲学和历史，归国后在清华大学任教。中华人民共和国成立后，他在北京市人民委员会专员、工作员办公室（1981 年该机构更名为北京市人民政府参事室）任职。郑麐英译“四书”之前，先选定善本，加上注释，每个段落都加编号，以便检索，再翻译成白话。在完成语内翻译的基础上，进行英译。成书之后，出版版式相同的中英文图书各一本，方便读者对照检索。

目前研究者大多将“四书”译者置于历史文化的坐标上，评述“四书”译者为中西文化沟通所做出的努力，凸显其文化使者的身份，如岳峰（2004a）《架设东西方的桥梁——英国汉学家理雅各研究》、杨平（2011）《中西文化交流视域下的〈论语〉英译研究》等。西方学者除了评述“四书”译者的生平，其研究多聚焦于分析译者的多重身份特征，从基督教传教士、牛津大学教授、异教徒作品翻译者、汉学家、教育家等不同身份特征描绘不同时期的理雅各（陈树千，2015）。

作为“四书”全译本的翻译者，柯大卫、理雅各和郑麐的翻译目的迥异。柯大卫“四书”译本前言里提到其翻译“四书”的两个主要目的：一是作为教材，帮助英华书院的中国学生尽快习得英文；二是让中国学生认识到“四书”中错误的观点，引导学生反思（Collie，1828）。如柯大卫在译本“点评”中批判中国文化：批评儒家“人可凭借自身努力达到至善境界”的观点，以达到“译儒攻儒”的翻译目的（邓联健，2014）。

理雅各翻译“四书”的目的是“译儒补儒”。理雅各从儒家经典里找出“天”“帝”等概念，牵强附会地证明儒学与基督教之间的关系，并说明中国早在远古时期，就受到耶稣的眷顾，试图拉近中国人与基督教的关系，从而达到让中国人信仰基督教，希望有朝一日能够用基督教取代儒家思想的目的。这一翻译动机决定了其在翻译“四书”时，有意识地对源语文本进行文化操控，不可避免地使用基督教文化诠释儒家思想和儒家文化。

不同于传教士，作为华人译者，郑麐翻译“四书”的目的是让西方世界“发现东方”，把真实的儒家思想介绍到西方世界。为了达到这个目的，郑麐没有采用“四书”原著进行翻译，而是重新编排“四书”，按主题编写章节，作为翻译底本。这与其他译本完全不同，其他译本多采用朱熹编撰的《四书章句集注》作为翻译底本。这一点郑麐在译本绪论中特别指出，他这样做的目的是帮助读者更好地理解原文信息。除此之外，郑麐译本对原著中提到的人物和事件，采取统一译名，方便读者阅读；而且不同于柯大卫、理雅各译本，郑麐译本中没有单设译者注释和译者评论，以减轻译文读者负担（Cheng，1948）。

三位译者中，郑麐学贯中西，谙熟“四书”内容和儒家传统，熟悉基督教及其对西方世界的影响，清楚地辨识出传教士译本的问题所在，他的翻译就是为了纠正传教士译者对儒家思想的有意误读和无意误读，把真实的中国和儒家思想介绍出去，让西方读者发现柯大卫从没有踏上中国国土，对真实的中国缺乏了解，体现他的“译儒攻儒”翻译思想的“四书”译本肯定会受到中国人的抵制。理雅各在中国生活了30年左右，实地考察了孔孟的故乡，对中国和儒家思想之于中国社会生活的影响非常了解，他深知，在中国，基督教思想不可能在短期之内被接受，因此，他采取了“译儒补儒”的翻译思想，以期从理论上为让中国人接受基督教做好准备。

“四书”译者的翻译动机与翻译策略亦呈现出一定的规律性，海内外华人译者，大多从英语读者的接受能力和欣赏水平出发，倾向用意译或归化的手段表达孔子的思想，如辜鸿铭、林语堂、刘殿爵（D. C. Lau）、许渊冲，而西方传教士们多对儒学作“神学化”诠释，用基督教神学附会儒学，积极寻求基督教与儒家思想二者的相似性（杨平，2008a）。现代西方汉学家大多没有宗教偏见，对异质文化有着浓厚的研究兴趣，其翻译目的多为表达自己的思想，翻译手段多为归化、挪用、附会、改写，以达到为我所用的目的。翻译早期倾向于用西方哲学和文化概念来诠释和替代中国思想，但近几年的版本更多地向忠实客观、通俗易懂的方向发展，从操纵、利用儒学逐渐到理解和尊重中国传统文化（杨平，2008b）。

回顾"四书"英译200多年的历程，译者主体体现出较明显的时代特征：①西方传教士在"以儒释耶"的方针下，翻译了大量儒家经典，其代表作《论语》更是备受青睐，译本迭出；②19世纪末期，随着社会的变迁，传教士的翻译渐渐冷却，西方汉学家逐渐成为"四书"英译的主力军，如翟林奈（Giles，1907）、苏慧廉（Soothill，1910）、韦利（Waley，1998）、庞德（Pound，1933）、白牧之和白妙子（Brooks and Brooks，1998）、安乐哲和罗思文（Ames and Rosemont，1998）等；③1898年，辜鸿铭的《论语》英译本问世，成为华人英译《论语》的先驱，此后华人学者翻译"四书"典籍特别是《论语》逐渐升温，比较具有代表性的译本包括林语堂（2009）、刘殿爵（Lau，1979）、李天辰等（1991）、黄继忠（Huang，1997）、李祥甫（Li，2000）、丁往道（1999）、许渊冲（2005）等。

二、译本研究

译本研究通常分为全译本研究和单译本研究，此类文献占了"四书"英译研究的大部分。"四书"单译本的研究，指《论语》《孟子》《大学》《中庸》单种典籍的翻译。这类研究主要围绕理雅各、韦利（Arthur Waley，也译作威利）、刘殿爵、庞德（Ezra Pound）等经典译本展开，以《论语》翻译为例，针对理雅各译本，王辉（2004）认为理雅各将语义翻译和详尽的注释结合起来，最大限度地保证了经义的传达，较好地反映出经文的语言特色，并通过注解、绪论、索引照顾到读者的需求，真正做到了忠实、可读，是学者型的翻译，堪称经籍翻译的典范。"该译文大多采用直译，尽量遵循原文的思维形式和句法结构，用的是19世纪书面语体英文，措辞古雅，译笔严谨。"（杨平，2008b：131）当然，也有学者持批评意见。"苏慧廉……也批评其学究气过浓措辞过于正式，难以被普通读者所接受。

所以出于普及儒家经典的目的，他认为有必要提供一个更现代的崭新译本。"（杨平，2008c：45）甄春亮（2001）指出，理雅各译本注释详尽、译文多为直译。详尽的注释使得译文冗长、笨重，不宜朗读；其旁征博引则未必皆为孔子或其弟子的原意，注释的可靠性难免打折扣，而过于偏重直译则造成译文不通顺、不自然。韦利译本毁誉参半。如刘重德（2001）认为，韦利的译本语言文字简练，浅显易懂，但有些内容翻译不够准确。韦利运用诗人气息的翻译手法使《论语》译本带有一种诗人韵味。"已故的卞之琳先生曾赞扬'擅用半自由体翻译'……吕叔湘先生也曾肯定其译著。"（柳士军，2002：101）但该译本存在文化误读、理解上的偏差（刘重德，2001）。赵元任认为，"不能说味如嚼蜡，可是总觉得嘴里嚼着一些黄油面包似的"；许渊冲先生评论韦利，"即令达意，风格已殊，慎而又慎，流弊丛生"（转引自柳士军，2002：101）。何刚强（2005：15）也曾指出："威译中，至少有二十六章完全译错，即译文与原文完全是牛头不对马嘴。"

赖发洛（Leonard A. Lyall）于 1909 年出版了《论语》英译本 *The Sayings of Confucius*。该译本主要面向的读者群体为大众英文读者，故译文中只有简要的脚注，删除了烦琐的注释。该译本自问世以来，经过两次大规模修订，历时 26 年，一直备受欢迎，入选"哈佛经典系列"，并 15 次再版，是"唯一同时拥有纸质、Kindle 电子版、iBooks 电子版、Audio Books 电子版的《论语》英译本，而三种电子版更为其带来了任何译本无可比拟的读者规模。可以这么说，赖发洛的译本是海外拥有最多大众读者的《论语》英译本"，"美国历史最悠久的文学杂志《北美评论》发表了一篇书评，给予译本很高的评价，译本对《论语》名言警句的精练表达特别受到称赞。评论者认为译本成功地传递了'gentleman'的形象"（林元彪，2015：144）。

作为华人首个译本，"辜鸿铭翻译《论语》等经典时别出心裁：让孔子及其弟子像受过教育的英国人那样讲话，去掉了所有中国专有名词以消除陌生感和独特感，引用西方著名作家和思想家来注释有关经文，套用西方概念来替代儒家术语。这种类似'归化'的翻译法受到欢迎，尤其是在第一次世界大战后，很多欧洲人质疑西方文化而转向东方文明，辜氏被当成东方文化圣人，其译作被广泛地阅读”（杨平，2008b：143）。

许渊冲英译本简洁流畅，富有文采，但是意译倾向明显，往往有偏离原文之处，而且没有任何注释或评论。

刘殿爵译本耗时 10 年翻译而成。译者通过自身的认知和实践，力图将《论语》文化原貌呈现出来。20 世纪 60—80 年代，西方研究中国文史哲的人几乎都读过这本企鹅出版集团（Penguin Group）出版的《论语》，从中不难看出其影响力。

魏望东（2013）指出，刘殿爵的《论语》译本采用了多种翻译策略，其中直译为主要翻译手法。杨平（2008b）评价刘殿爵的翻译力求用精确的语言表达清晰的概念。刘在译文中增加了很多表示衔接关系的词语，这样就使得孔子与弟子的讲话有一种典雅庄严的风格，但是也使得译文显得冗余和乏味，与原文的风格存在很大的差异。但是刘译本由于其准确性和学术性，在世界上还是备受推崇的。

多个译本的对比研究主要围绕几个代表性的译本展开。如王东波（2008a）总结了辜鸿铭和理雅各译本的特点和不足。王辉（2004）比较了理雅各和庞德译本的翻译风格后，认为两者都是异化的成分多于归化的成分，理雅各译本是“近代汉学的开山之作和重要文献，帮助培养了一代又一代的西方中国学者”，而“庞德的译本古怪精灵，轻松俏皮”（王辉，2004：144）。刘永利和舒奇志（2006）在对比研究理雅各和安乐哲（Roger T. Ames）和罗思文（Henry Rosemont，Jr.）的译本后认为，理雅各译本是基于文化中心主义的语言翻译的代表性作品；而安乐哲和罗思文译本是基于多元化理论的文化翻译典范。丁建海（2007）从翻译策略的视角探讨了辜鸿铭译本和安乐哲、罗思文译本，认为辜译的目的是传播儒家文化并希望得到西方的尊重，因而采用归化策略，而安罗译本则是顺应文化平等、相互融合背景而采用异化策略。史嘉柏（David Schaberg）对比分析儒学典籍七个译本（Schaberg，2011）后发现，大多数海外译者的译本前言里都谈到了儒学核心概念词的翻译，有的还兼评其他译本。刘文娜（2012）对比理雅各、韦利和刘殿爵三种英译本，分析三位译者的翻译特色及造成翻译多样性的原因。

三、译本在英语世界的传播研究

白玉杰（2009）基于金荣渊（Young Yun Kim）的跨种族传播语境理论提出了“典籍英译本跨文化传播能力的模式”。他认为，典籍英译本的“跨文化传播能力要受到三个方面因素的制约，即译者、译本中体现的文化相似性或差异性、国内外环境，同时，这三方面的因素也相互影响相互制约”（白玉杰，2009：V）。林琳（2013）从明末清初、近现代、当代三个阶段来研究《论语》英译中的中西文化交流，总结性地概括了在中西方文化传播与交流的三个阶段《论语》翻译呈现出的特点，以及《论语》外译时，译者应注重文化平等，要保留原文的文化特色；她还认为，《论语》的翻译与综合国力的强盛和文化的繁荣是密切相关的。

除此之外，学者们还围绕着《大学》翻译给中国文学在海外的翻译与传播带来的影响展开讨论。鲍宪阔和李艾文（2008）在《从〈四书〉的英译看中国经典的对外传译》一文中以“四书”的翻译为实例阐释了中国经典翻译的必要性和当前状况，并给出了向西方世界翻译和传递中国经典的三种翻译途径：①由国外汉学家翻译；②由中国学者翻译；③由国外汉学家和中国学者一起翻译。在《从马礼逊的〈三字经〉和〈大学〉译本看中国典籍在西方译介的影响》一文中，刘佳（2011）阐释到马礼逊采用了意译的翻译技巧，所以他的译本没有传达出中国经典的精髓，造成对中国文化的大量误解。

综上所述，学界在“四书”英译方面的研究已取得了十分有价值的突破性成果，不足之处在于，目前研究视域主要局限于几个经典译本，对这200 多年不同时期的英译本进行的系统梳理则较少。多个译本的对比研究目前多见质化分析，少见运用语料库系统进行语言学层面的量化分析、借助数据挖掘技术呈现不同译本自身语言特色的研究成果。在今天，学界的翻译学研究，应当注重经典译本研究与普通译本研究间的融合与共进，注重质化分析与量化分析间的融会贯通。这样才能更全面、更有效地挖掘典籍外译的特点和规律，使中华传统文化更好地“走出去”，更好地在国际文化空间展现其价值与魅力。

第二节　语料库与典籍英译研究

基于语料库的翻译研究（corpus-based translation studies）已成为当今描述翻译研究领域的一种崭新的研究范式，在理论、描写和应用等层面对翻译研究起着越来越重要的作用（肖忠华，2012）。

一、基于语料库的语言研究

作为普通语言学的一个分支，语料库语言学用特定的文本分析软件工具对机读文本库进行分析。关于语料库，学界普遍的三点基本认识如下：①语料库中存放的是在语言的实际使用中真实出现过的语言材料；②语料库是以电子计算机为载体承载语言知识的基础资源；③语料需要经过加工（分析和处理），才能成为有用的资源。语料库有多种类型，确定类型的主要依据是它的研究目的和用途，这一点往往能够体现在语料采集的原则和方式上。语料库可以分为四种类型：①异质的（heterogeneous）——没有特定的语料收集原则，广泛收集并原样存储各种语料；②同质的（homogeneous）——只收集同一类内容的语料；③系统的（systematic）——根据预先确定的原则和比例收集语料，使语料具有平衡性和系统性，能够代表某一范围内的语言事实；④专用的（specialized）——只收集用于某一特定用途的语料。

除此之外，按照语料的语种，语料库也可以分成单语语料库、双语语料库和多语语料库；按照语料的采集单位，语料库又可分为语篇的、语句的、短语类的语料库。双语和多语语料库按照语料的组织形式，还可以分为平行语料库和类比语料库，前者的语料构成译文关系，多用于机器翻译、双语词典编纂等应用领域，后者将表述同样内容的不同语言文本收集到一起，多用于语言对比研究。

基于语料库的语言分析具有如下特征：①对自然语言真实材料进行实

证分析；②分析建立在按一定原则大量收集自然文本的基础之上；③用计算机进行自动交互式分析；④采用定量和定性相结合的分析方法。

二、基于语料库的翻译研究

莫娜·贝克（Mona Baker）认为与翻译研究有关的语料库有平行/对应语料库（parallel corpus）、多语语料库（multilingual corpus）和类比语料库（comparable corpus）三类（Baker，1993）。平行/对应语料库是由原文文本及其平行对应的译语文本构成的双语或者多语语料库，其对齐程度有词级、句级、段级和篇级这四种。根据翻译方向的不同，平行语料库有单向平行语料库（uni-directional parallel corpus）、双向平行语料库（bi-directional parallel corpus）和多向平行语料库（multi-directional parallel corpus）等三种形式。

多语语料库是根据类似设计标准建立起来的两个或多个不同语言单语种语料文本组成的复合语料库。其中的文本完全是原文文本，不收集翻译文本。多语语料库的研究价值在于，研究者通过对这些“平行”文本的比较，分析出类似文本在不同语言中所具有的独特风格，从而为分析或评价可能存在的相应翻译文本建立有效的参照系数。

类比语料库是由不同语言的文本或同一种语言不同变体的文本所构成的两个或两个以上的语料库。类比语料库可再细分为单语类比库和双语/多语类比库，前者收集的是一种语言类似环境下的不同内容的文本，而后者收集的是在内容、语域、交际环境等方面相近的不同语言文本，多用于对比语言学。

Bake（1993：243-248）提出，用语料库研究翻译主要从翻译文本入手，从以下几个方面展开：①翻译语言普遍特征，即翻译共性（universal features of translation），具体包括翻译显化（explicitation）、消歧（disambiguation）、简化（simplification）、合乎语法性（grammaticality）、避免重复、避免过度凸显目标语语言特征及某些特征的特定分布；②特定社会—文化语境下的翻译规范；③翻译中介过程研究、翻译单位的大小与性质，以及对等的类型与层次等。

（一）翻译语言的词汇特征研究

基于语料库的翻译语言的词汇特征是研究重点，大量研究从不同角度探讨了译文的词汇特征。陈建生和高博（2011）运用 WordSmith Tools 4.0 对比分析了《诗经》的两个英译本，分别为庞德英译本和理雅各英译本，得出以下数据：庞译本的形符数 12 747，类符数 2972，标准化类符/形符比 48.08；理译本的形符数 22 407，类符数 3474，标准化类符/形符比 42.97。通过对比两组数据可以得出结论：庞德用词丰富且富于变化，而理雅各用词相对单一且不富于变化。该研究涉及基于语料库的翻译语言词汇特征的几个重要参数，形符数（token）、类符数（type）、类符/形符比（type/token ratio，TTR）和平均词长（average word length）。其中形符数指文本中词汇的总数，而类符数指文本中不同词汇的总数。类符/形符比指类符数与形符数之间的比值，超过 1000 词的语料库一般使用标准化类符/形符比（Std. TTR），即按一定的长度（通常是 1000 形符）分段计算文本的类符/形符比。类符/形符比决定了文本中词汇的丰富度和用词的变化性：比值越大说明文本中词汇越丰富，用词变化越大；比值越小说明文本中词汇越单一，用词变化越小。类符/形符比可以借助语料库分析软件 WordSmith Tools 获得。平均词长指文本中词汇的平均长度。平均词长可以表明文本的难易度，平均词长越长表明文本越复杂，平均词长越短表明文本越简单（Olohan，2004）。例如蒲璞（2012）分析了《边城》三个英译本[①]的平均词长，得出以下数据：Ching Ti 和 Robert Payne 为 4.22，Yang Xianyi 和 Gladys Yang 为 4.23，Jeffrey C. Kinkley 为 4.20。通过对比三组数据可以看出，Yang Xianyi 和 Gladys Yang 用词较为复杂，而其余二者用词较为简单。

（二）翻译语言的句法特征研究

句法特征指文本中句子所具有的特征，包括句子个数、平均句长和句长标准差。句子个数指文本中句子的总数，平均句长指文本中句子的平均

① 这三个译本的译者分别为 Ching Ti 和 Robert Payne、Yang Xianyi 和 Gladys Yang、Jeffrey C. Kinkley。

长度（由单词数量表示）。虽然句子的长度与句子的复杂度没有必然的联系，但就整个语料库而言，句子的长度在一定程度上反映了句子的复杂度。平均句长和句长标准差通常被认为是用来衡量译者个人风格的典型因素。

基于语料库的词汇特征分析、句法特征分析，可以明确译者风格。除此之外，根据翻译目的论（skopos theory）的连贯法则（coherence rule），译文应具有可读性和可接受性，尤其是针对文学译作，所以基于语料库的语篇特征分析对文学译者风格研究具有重要意义。总而言之，语料库作为一种研究方法为翻译带来了新的发展局面，为译者风格研究提供了坚实有力的数据支持。

第三节　基于语料库的“四书”译本研究

在翻译学和跨文化研究视域下，基于平行语料库的儒家经典“四书”英译本研究涉及微观和宏观两个层面。微观层面上涉及儒学核心概念词的翻译，借助语料库技术对不同译本从语言层面进行量化分析。宏观层面，逐一探究影响翻译的众多因素（包括译者研究、翻译动机、文化态度、赞助人、出版机构、读者群体、文化接触、思维习惯、族群记忆、期待视野等）。具体研究内容如下。

一、定量分析“四书”不同译本的语言特征

基于语料库对“四书”多译本译文进行量化分析，设置检索方案，从词汇、句法等不同层面设置对比项分别进行检索统计。

（1）类符/形符比：TTR 值。

（2）词表：WordSmith Tools 4.0 提供的词表功能除了普通的词表，还有可按字母顺序随意改变次序的词表，同时也提供了语料库的各种基本统计信息。

（3）个性词：受个人语言风格、语言规范、地域方言等因素影响，译者之间的语言运用特征会有差异；在多译本里，会出现某些词在甲译本里高频使用而在乙译本中低频甚至零频次使用的情形。我们把这类词汇称为“个性词”。对这些词的分布和使用情况进行考察可以揭示译者的翻译策略和语言使用习惯。

（4）词串：“只有连续的词语组合才有可能成为词串……大多数词串不是完整的句子结构单位，也不是习语或固定表达方式，因此不能用一个单词来替换整个词串序列。”（朱青菊，2008：156）词串统计指在语料库中查找预定长度的词语组合，并统计其复现频数。

（5）平均句长：“现代英语虽较不常用特长的句子，但包孕式的复合句（complex sentences with embedded clauses）仍很常见，因而句子仍然具有一定的长度。据统计，专业作者写的句子平均长度为 20 个词……”（连淑能，1993：64）译本的句子长度呈现怎样一种趋势呢？译者对句子长度的处理是更倾向于源语还是游离在源语与译语之间，有待进一步实证分析。

二、译者翻译风格对比分析

通过对词汇、句子、语篇三个语言层面的分析，解析译者在传承原作风格之外所进行的自我身份构建。译者的身份、经历和学术背景，引导着他们以某种视角来解读作品原文，来深入或浅层地认知、接受原文本思想，这些信息在一定程度上反映在译本的篇章语言特征中，如个性词的形成和使用频率、平均词长和平均句长的长短程度、特定句式的使用和出现频率等等；借助语料库分析手段，能直观地展现译者在自我身份构建的过程中，其语言选择上的特征与偏好。

三、建立“四书”双语术语库和翻译记忆库

利用翻译记忆工具 Trados Translator’s Workbench 中的术语管理工具，或计算机辅助翻译工具 Omega T 建立汉英双语对照的术语表。在翻译实践

中，双语术语库和翻译记忆库向译者提供动态的术语支持和已有的译文匹配提示，使译文的产出更加快捷、准确。

“四书”双语术语库因研究需要还被进行了赋码标注，如 Confucius 被标注为 BEN KFZ，其中 BEN 为 Biographical Entries 的缩写，KFZ 为 Confucius 对应的汉语表达“孔夫子/孔子”的拼音首字母缩写。大多数儒学术语都有多种英语表达方式，如“义”在英语里可能的表达方式有 righteousness、righteous、justice、rightness。要检索相关术语，可能需要多次检索，这不仅耗时，而且影响提取效率。为此，“四书”术语库对同一术语的不同译文进行统一赋码，如将“义”赋码为 YI。

第二章

“四书”译本在英语世界的传播

400 多年前，欧洲耶稣会士最先开始翻译中国经典“四书”。在意大利，最开始翻译“四书”的耶稣会传教士是罗明坚（Michele Ruggieri）和利玛窦。罗明坚译出了《大学》拉丁文译本，1593 年在波塞维诺（Antonio Possevino）百科全书式的著作《历史、科学、救世研讨丛书选编》（*Bibliotheca Selecta qua agitur de Ratione Studiorum in Historia, in Disciplinis, in Salute Omnium Procuranda*）的第九章中发表了部分译文。意大利传教士殷铎泽（Prospero Intorcetta）和葡萄牙传教士郭纳爵（Ignatius da Costa）合作翻译了部分“四书”（《大学》《论语》），1662 年于江西建昌府刻印出版，该版本是最早的节译本。比利时传教士卫方济（Francois Noel）用拉丁文译出了现存最早的第一部西文全译本，除此之外，在 1711 年卫方济还用拉丁文翻译了《中华帝国经书六种》（*Sinensis Imperii Libri Classici Sex*），其中包括“四书”、《孝经》、《小学》。1691 年，“四书”第一部英文单译本《论语》（*The Morals of Confucius: A Chinese Philosophy*）出版，晚于拉丁文译本和法译本，英译本转译自柏应理（Philippe Couplet）的拉丁文译本。英国传教士柯大卫花费两年时间（1825—1826 年）英译完“四书”，并于 1828 年出版，是当时最早的英语全译本。与之相比，《论语》《孟子》《大学》《中庸》的单译本数量相对较多，为了更加深入地了解这些译本，笔者在 EBOSCO 和 JESTOR 数据库搜索相关期刊论文（1970—2017 年），共有 297 篇，其中“四书”9 篇，《论语》22 篇，《孟子》22 篇，《中庸》8 篇，《大学》4 篇。除此之外，笔者还搜集了研究理雅各的文章 23 篇，

《论语》研究 90 篇，《孟子》研究 72 篇等，以从多个视角对译本进行透彻的研究。

中国传统儒家文化作品“四书”在英语国家广泛流传的时间较晚。中西交流最早通过器物，接着才是制度借鉴和文化交流。16—19 世纪耶稣会士翻译“四书”，推广到欧洲的主要目的是传播教义，这增强了中西方在文化上的交流；接着是 19—20 世纪，理雅各、罗素（Bertrand Arthur William Russel）对中国古典文学作品的译介，使得英语世界对中国文化和整体形象有了深层的了解；到了 20 世纪，美国成为研究中国文化的中心，许多著名学者致力于研究中国传统文化的现代价值，成就显著。这对研究中西文化交流有重大意义。

第一节　19 世纪以前“四书”的翻译与传播

据文献记载，中西方交流历时 1400 多年，从器物到中国传统文化和思想。据记载，中国明代范立本所写的哲学著作《明心宝鉴》是第一本传入西方的文本，内容为中国儒道先贤的格言与论述，其译本由西班牙传教士高母羡（Juan Cobo）翻译。意大利耶稣会士殷铎泽和葡萄牙耶稣会士郭纳爵成功翻译了《论语》，又分别翻译了《中庸》和《大学》。殷译本出版后，“四书”在西方才开始为人所知。1687 年，比利时耶稣会士柏应理翻译并出版了《中国哲学家孔子》（*Confucius Sinarum Philosophus*，包括中国经籍导论、孔子传和《大学》《中庸》《论语》的拉丁译文）后，反响巨大，“四书”在欧洲才得以广泛流传。1691 年，“四书”英文版问世，是英国人泰勒（Randal Taylor）出版的《中国哲学家孔子之道德》（*La Morale de Confucius*）、《中国哲学家孔子》（*Confucius Sinarum Philosophus*），内容丰富，但是并不是全译本。直到 1711 年，比利时传教士卫方济出版了《中华经典》（*Les Livres Classiques de L'Empire de la Chine*）及《中国哲学》（*Philosophe de la Chine*）时，“四书”全译本才问世。在此之后，中国经典典籍的译介人数不断增多。

总之，19 世纪之前，欧洲来华传教的耶稣会士是中西文化交流的推动者和主要力量。有学者认为中国传统文化对 18 世纪欧洲启蒙运动有推动意义。中西文化交流看似受到 18 世纪时的“礼仪之争”的影响，其实，这种交流促进了儒家思想的传播。随着越来越多的有识之士研究中国文化，“中国热”得到兴起，汉学研究也初见雏形。但是耶稣会士的译介目的并非传播中国文化，如利玛窦曾发表言论：“我通过将孔子著作中没有详细解释、比较含混的地方向有利于我们自己的方向解释，竭尽全力使（中国）文人阶层的领袖——孔夫子的思想向我们的方式靠近，这样我们的神父们就会获得那些没有偶像崇拜的（中国）文人的青睐。”（Rule，1986：2）同时，“四书”译介还带来了共赢的文化交流传播效果：首先，“四书”译介促进中国文化传播；其次，中国儒家思想成为 18 世纪欧洲启蒙运动的精神食粮和反对黑暗宗教王权统治的理论基础，是反抗西方神学、宗教等的利刃。该阶段的中国典籍的传播还只是处于萌芽阶段，目的多为传教，推动西方变革和发展。

第二节　19—20 世纪“四书”在英国的传播

19 世纪以前，主要是非英语国家的耶稣会士在研究中国传统典籍，不过英国人也通过非英语译本很早就对中国传统文化有所接触。比如，作家乔叟（Geoffrey Chaucer）的《坎特伯雷故事集》（*The Canterbury Tales*）中的《侍从的故事》讲到了中国的成吉思汗这个人，这其实是参考了《马可·波罗游记》（*The Travels of Macro Polo*），这是现在发现的最早一篇关于中英文化交流的文献记录。英国哲学家大卫·休谟（David Hume）通过研究，发现英国的自然神论和孔子崇尚的思想有许多相似的地方，他还在《论迷信与宗教狂热》（“Of Superstition and Enthusiasm”）一文中表明孔子的门徒是自然神论的信徒（朱仁夫等，2004）。

英国传教士在 19 世纪下半叶才来到中国，开始对中国典籍进行系统的翻译，使得“四书”等体现儒家思想文化的经典著作在英语国家得到广泛流传。1861 年，英国汉学家、伦敦会传教士理雅各和中国的王韬协作翻译了“四书”，即《中国经典》（包括《论语》《大学》《中庸》）。该版本虽然已经历时 100 多年，依旧被视为标准译本，而且国内外不断重复刊印出版。同一时期，在英国游学的中国著名学者辜鸿铭对中国经典的西译贡献巨大。他认为外国的汉学家无法透彻了解中国典籍的内涵，会曲解原文，造成翻译不当，就连公认为是标准的理雅各的《中国经典》也存在同样的问题。因此，作为一名中国学者，为了让外国友人理解真正的儒家思想，辜鸿铭担起翻译儒家经典的大任，完成了《大学》（1915 年）、《中庸》（1906 年）、《论语》（1898 年）的翻译，但最终没有出版发行。它主要运用意译翻译策略，翻译时强调思想内涵，这样儒家经典里所体现的中国文化思想能够更好地展现在西方人面前。

英国学术界对儒学、中国哲学、汉学的研究，均一直保持着高涨的热情和浓郁的兴趣。18 世纪后半叶的哲学泰斗休谟，因其在哲学论著中大规模引用中国哲学思想，而有力影响和推进了同期和之后的英国学者对中国古典学术的学习与研究。这些研究随着英译儒学名著活动的开展和译本的普及，逐渐在 19 世纪末期发展成为独立的人文学科“汉学”，其影响也兼涉哲学、历史学、人类学、美学等领域。

延至 20 世纪上半叶，出现了罗素和汤因比（Arnold Joseph Toynbee）两位思想巨匠，他们均在充分进行儒学研究的基础上，分别在哲学领域和历史学领域，以高涨的姿态，阐释了儒学对人文学术研究体系所具有的深远的启发意义和高涨的当下价值。其中，罗素指出，西方现代工业进程，诱导了人们“唯工具论”“唯技术论”“唯功利论”等狭隘甚至错误的思维指向，本应充满人文精神和人道主义的社会伦理体系和人类道德标准，都受到了激烈的冲撞而导致变形甚至重构；在重构的过程中，应该注重引入以“中庸”“和”等人文理念为代表的儒学思想内容，罗素认为中国古人对这些理念进行的数个世纪的实践，已经证明了它们是能够带给世界不同文明和谐相处的唯一路径（朱仁夫等，2004）。

汤因比认真研讨了古代中国文化的发展脉络和特征，甚至在《历史研究》（*A Study of History*）、《展望 21 世纪：汤因比与池田大作对话录》

（*Forecast 21st Century*）两部著作中都引用儒家学说阐释文明理论；并指出，在儒家学说的引导下，中国型构了近两千年间影响世界文明进程的历史表现，中国人则型构了引发全世界研究、效法的理想化道德伦理标准（姜林祥，2004）。

此外，在英国汉学界，当今活跃着由葛瑞汉（Angus Charles Graham）领军的、专力研究中国哲学的重要学者群体。葛瑞汉认为，20世纪以来至今百余年间，英语世界的中国哲学研究，从以胡适、冯友兰为代表的在西方思想影响下审视儒学精神的研究范式，已经发展为当下以哲学家郝伯特·芬格莱特（Herbert Fingarette）、郝大维（David L. Hall）和汉学家安乐哲等人为代表的汉学与西方哲学平等融构、共进互动的新范式。据此，他进一步指出：中国哲学的思想内涵，可以兼跨几乎所有人文领域；今天的研究者应该在社会学场域中的道德伦理研究、语言学场域中的话语结构研究、哲学场域中的思想结构研究和思维与逻辑研究等多个维度和向度下，深化中国哲学相关命题的探讨，才可以真正将其价值发扬光大（孙英丽，2009）。

第三节 “四书”在美国的传播

在19世纪之前美国人对中国的了解都是间接的，来自欧洲人对中国的印象。到了19世纪，中美之间才有接触，主要是美国汉学奠基人卫廉士（Samuel Wells Williams）对中国儒家文化的研究，使得中国儒学开始直接流传到美国。1848年卫廉士在《中国总论》中专门写了一章来介绍“四书五经”和相关其他中国经典典籍。研究了中西文化后，他从《大学》《中庸》的儒家道德哲学中汲取力量，指出其中的“天道”思想能够统合全社会的思想，有利于古代中华民族的“民族意识”的构建；也意识到儒家哲学体系中所提出的理想化“君子”标准抽象而崇高，对普通人而言，近乎苛刻。因此，卫廉士认为，一方面，西方基督教宣扬的神学观念与中国儒家的“天道”观念相类似，在传播接受方面有着观念上的顺承性优势；另一方面，基督教关注现实生活、干涉普通人日常言行举止的教义教规，比中国传统的“君子”标准更具有现实针对性，能够在改造人的思想方面产生更大影响。也正是基于这两点，基督教能够在中国广泛传播和被接受。三个世纪以来，从利玛窦到卫廉士，传教士们研究中国思想的动机依旧是传播教义，这种动机决定了他们如何看待中国文化。从这点我们可以看出，传教士来传播汉学具有一定的局限性。1879 年是中美文化交流意义非凡的一年，在这一年，中国学者戈鲲化赴美教授中国思想文化，使得美国人接受了原原本本的中国文化。

在 20 世纪，美国汉学研究不再重复欧洲汉学中的“纯学术”研究模式，即“重传统，轻现实”，转而变为“实用性”研究模式，用新的社会科学方法研究中国文化典籍。研究主体不再是传教士，而是研究中心或各个学院的学者，这些学者主要包括美国本土学者与美籍华裔学者。对于前者来说，他们的汉语语言以及文化背景欠缺，但是身为“旁观者”，在研究时视角独特，为当代中国儒学研究提供了新视野。对于华裔学者，他们从小接受汉语的熏陶，传统文化基础扎实，因此不会遇到看不懂中文的现象，同时，他们也接受过西方的教育，学贯中西，可以用西方现代哲学来论述儒家思想的当代价值。华裔学者的一大优势就是，他们的译作既准确又符合西方人的思维方式，因而广受欢迎。以著名的华裔翻译家陈荣捷为例，1963 年在美国普林斯顿大学印行其翻译的《中国哲学文献选编》（*A Source Book in Chinese Philosophy*）（包括“四书”），自此之后，欧美各国高等学府讲授“中国哲学”或“中国思想史”等相关课程时，都会推荐阅读这本书作为参考。

美国的新儒学运动始于 1970 年，这使得儒学在世界上的传播面更加广阔，研究更加深入，影响力越来越大。该运动主要研究儒学中可能存在的宗教问题，有《论儒学的宗教性——对〈中庸〉的现代诠释》以及《〈中庸〉新论：哲学与宗教性的诠释》，作者分别是杜维明以及安乐哲、郝大维。杜维明在书中非常认可宗教学奠基人缪勒（Friedrich Max Muller）的观点，“只懂得一种宗教的人，其实什么宗教也不懂”，认为儒学中存在宗教性。在生活中要达到儒学所说的中庸实非易事，需要发动我们的大脑才能触及中庸。在进行了细致的中西哲学思想、文化思潮的发展历程对比之后，他发现，现代西方世俗的人文主义与儒家中庸思想中的人文精神有所不同，儒学中所体现的宗教性主要用于解释儒家的人生哲学，虽然从古至今的历代儒学者们一直将儒学思想不断外化为言行举止，运用于世俗生活、日常行为之中，但儒学思想的精神内涵仍具有一定的神圣性。总之，杜维明的著作主要强调中庸之中体现的宗教性，这样就能够在宗教性这一方面对儒学与基督教进行对比与研究。安乐哲与郝大维主要关注中西对比，以汉学和哲学视角来研究《中庸》中的“诚”“性”“情”“教”等重要思想，体系完整，而且，《中庸》中的思想与西方的宗教性也不同（安乐哲和郝大维，2002）。

安乐哲认为儒家思想是一种宗教，不同于以上帝为中心的西方宗教，儒学以人为核心。因此，西方人在研究儒学时，常常从理解基督教教义的角度诠释中国哲学，将“天”错误地理解为基督教中的“上帝”，实际上，中国人所谓的“天”是“礼”（胡治洪和丁四新，2006）。

儒学思想与现代性审视，也一直是国际儒学研究的一个重要话题。活跃于19世纪末期至20世纪初叶的德国哲学家马克斯·韦伯（Max Weber），较早在该领域进行了开拓。他在《儒教与道教》一书中指出：儒学对伦理道德的期待视野，是让社会全体的一举一动都遵循宇宙的规律，从而达成从宇宙到人类社会的合律性。这种理想化的社会道德架构，以自我克制和自我调适、主动适应“宇宙”即周围一切环境因素为特征，培育出贯穿中庸之道的典范人群即“君子”。与在历史上张扬了新型资产阶级政治和伦理诉求、推进资本主义发展的基督教新教相比，儒教与道教都以其“遵循宇宙规律”的思想行为内核，形成了对自我欲望和个人理性的过度压制，从而无法与现代化社会进行有效糅合；特别是在近代以来，在中国社会历史的发展进程中，它们往往起到较为明显的阻滞作用（韦伯，2006）。

这种观念曾深入影响过 20 世纪中前期欧美学界的汉学研究和中国史研究。如芮玛丽（Mary Clabaugh Wright）出版于1957年的《同治中兴：中国保守主义的最后抵抗（1862—1874）》（*The Last Stand of Chinese Conservation：The T'ung-Chih Restoration，1862-1874*）中就明确表达了源自韦伯的同一批判性立场：晚清政府由于遵循儒家在政治伦理方面的稳定性标准，所以改革举措往往停滞不前或者半途而废，所谓“同治中兴”在维持了十几年时间的社会安定表象之后，最终走向更大的衰败和彻底的崩溃。

20世纪后半叶以降，随着东亚经济的繁荣，特别是中国改革开放以来各方面事业的不断发展，欧美学者对儒学的现代性、现代化价值问题，才有一个主流上的明显改观和转向。今天，越来越多的学者都认同：儒学思想作为中华传统文化内核的重要组成部分，一直持续地发挥其积极作用；现代中国经济社会的发展，也有儒学思想和儒家精神的一份襄助之力。很多学者特别是美国学者，都倾向于将儒学和汉学学术研究的重要任务定位于挣脱韦伯式的、只看消极影响的片面观念的束缚，客观、真实地考察儒学思想成为中华传统文化的深层心理基础和基本感知逻辑构成的过程，讨论它如何影响了当代中国人文精神和社会生活的方方面面以及它在当今人类社会文化活动中的普遍价值，这才是一条正确的文化探索之路。根据以上观点，我们可以总结出中国经典对西方思想影响的两个特点。

第一，中国经典典籍的翻译有益于中西方深入交流。一方面，不论是西方传教士专注于在华传教，还是汉学家潜心于对中国典籍进行哲学研究与文化研究，抑或是西方学者通过考察中国社会历史文化，以“东学西渐”的形式来寻求东方路径去解决西方问题，这些传教士和西方学者们的中国典籍翻译活动，都起到了增加翻译者自身知识量、为西方文学创作提供新视角和新思路、使得西方学者能在中西比照的视角下更加清晰和客观地看待和反思西方文化等作用。

另一方面，这也加快了中国文化走出去的步伐，增加了中西文化之间的交流。不过，西方学者大都从自己国家文化的视角对中国的文化进行研究，如果我们站在中西文化对比、交流的角度来看待与评价西方学者的儒学典籍翻译工作，就会敏锐地注意到：确实在一些学者、一些典籍的外文译本中，中华文化的某些内容、成分，其外形或内涵被施以了“西方化”或“欧洲化”的改写、阐释。诚然，其中含有文化误读的成因，乃至这种现象本身也是文化误读的一部分。但也应看到，有相当一部分“西方化”或“欧洲化”的改写、阐释，其目的指向了中西交流乃至文化合流的预定目标：唯其先对中华文化的一些内容进行改写、阐释，使之能够快速消除在西方人眼中“异质文化”的隔阂感，中华文化的一些主要行为方式和重要思想内涵，才能更加顺利地进入西方文化系统，实现行为、思想的对接与融合（高毅，2002）。也就是说，西方学者在研究中国文化时，站在中国文化价值体系之外，根据自己的需求对中国文化进行取舍，从而将中西文化融合为一体。这样产生的文化既有中国文化的身影，又可以看到西方文化的内容，中西文化之间的交流与融合所产生的普适价值可能就蕴含在这一融合的文化之中，也正因为如此，才有了中国经典典籍的翻译对中西双方都有益这一结论。

第二，西方学者主要从中国文化与中国社会现实问题间的关系角度开始研究与翻译中国经典典籍，从不同角度、不同学科来研究中国文化。因此，西方对中国文化思想的翻译和研究成果对我们再次看待自己的文化以及解决社会现实问题都有很大的帮助。

第三章

“四书”英译本及相关研究简介

儒家经典《论语》作为“四书”之一，闻名中外，影响深远。在古代，《论语》一直受到中西方学者的关注，被不断研究和翻译，除此之外，语言学家特别关注对《论语》英译本的研究与探索。到了现代，追寻国学热的人越来越多，使得更多的学者开始关注与研究《论语》的翻译文本。与此同时，《论语》的英译本研究方法也由文本分析方法不断提升到跨学科研究分析方法。但是，学者的研究方法比较单一，大多都是定性研究，缺乏对单一主题的定量研究。

第一节　“四书”全译本及相关情况简介

一、柯大卫译本

中西翻译史上，“四书”从被西方人注意、被以篇章节译的形式得到西传，到完整的英文全译本的印刷出版，经历了一个繁复而漫长的文化过程。目前所知的最早的“四书”译介行为，是意大利籍耶稣会传教士罗明坚，作为第一个在明朝建立后于 1579 年进入中国的传教士，在学习了部分儒家文化知识的背景下，于 1588 年回国，以拉丁文翻译了“四书”中《大学》的第一章，并作为《历史、科学、救世研讨丛书选编》的一部分，在 1593 年于罗马出版。此外，他还将《孟子》全文译为拉丁文，在教士群体里以手抄传阅的方式进行传播。

1593年，另一位当时正在中国传教的意大利籍耶稣会士利玛窦，首次用拉丁文完整翻译了“四书”全文。同年，译稿传回罗马，虽然没有公开刊行，但也像罗明坚的节译本一样，受到了当时传阅文稿的读者们的欢迎。

这里我们应该注意到，拉丁文是当时西欧地区公认的用来进行公文写作和学术研究的第一语言，而罗马则是天主教廷所在地、当时思想控制的中心。因此，《大学》以拉丁文得到翻译并得以在罗马出版。这表明，在当时西方世界，儒家思想及其著作的译介，很大程度上得到了教廷认可，被认定为正常而严肃的学术活动。

从此之后，对“四书”的翻译，成为不同时期、多个世代来华西方传教士群体所热衷的一项文化传播行为。较为典型者，如意大利耶稣会士殷铎泽和葡萄牙耶稣会士郭纳爵，在1662年，以拉丁文翻译了《大学》全文和《论语》前半部分，并附上他们编撰的拉丁文孔子生平小传，编辑成《中国的智慧》（*Sapientia Sinica*）一书，印行于欧洲。此外，殷铎泽还联合其他意大利籍、法国籍、奥地利籍、葡萄牙籍、比利时籍等多国传教士，先后用拉丁文和法语翻译了《中庸》全文，并附以孔子生平小传，编撰成《中国的政治道德学》（*Sinarum Scientia Politico-Moralis*）一书，并在欧洲先后出版其拉丁文版和法语版。

1687年，比利时籍传教士柏应理联合殷铎泽等人，奉法国国王路易十四命令所编撰的拉丁文学术著作《中国哲学家孔子》（*Confucius Sinarum Philosophus*）在巴黎出版，其主体内容为《大学》《中庸》《论语》的拉丁文译本。该书的出版与传播，掀起了17世纪风靡西欧学术界与文化界的“中国热”，也带动了法语、英语等欧洲重要语言对“四书”的译介，在1688年和1689年两年间，法国先后出版了《中国哲学家孔子》的两种法语节译本——《孔子的道德》（*La Morale de Confucius*）、《孔子与中国道德》（*Philosophe de la Chine*）；稍后的1691年，由法语转译而来的英译本《孔子的道德》也在英国出版。

英译本《孔子的道德》的出现，进一步激发了英语国家以来华传教士为代表的文化学者们的求知欲望与研究兴趣，同时也标志着儒学典籍在英语世界的译介帷幕正式拉开。从此之后，“四书”英译的进程可以用“突飞猛进”来形容：1809 年，马士曼（Joshua Marshman）翻译了《论语》；1812 年，马礼逊翻译了《大学》；1828 年，来华后曾跟马礼逊学习中文的英华书院第三任院长柯大卫，首次将全套“四书”翻译成英语，出版了《四书译注》（*The Chinese Classical Work, Commonly Called the Four Books, Translated Classics*）。

在这里，需要指出的是，无论是英译本《孔子的道德》，还是马士曼、马礼逊的翻译文本，都不包含《孟子》英译；所以，柯大卫完成的全套“四书”英译本，实际也是第一次将《孟子》和它的思想原貌译介到英语世界。

可以看到，从 1588 年罗明坚的拉丁文节译本诞生，到 1828 年柯大卫的首个“四书”英文全译本出版，中间跨越了近 300 年的时长。在此期间，“四书”所代表的儒家经典和中国文化的影响力，经历了对罗马教会产生影响—对法国宫廷产生影响—对西欧社会文化产生影响—对英国学术界和文化界产生影响的传播接受历程。伴随着这一历程的，是受纳的地理空间不断拓展，人群规模与语言种类不断增加，译本的完整程度、文化信息不断丰厚与显赫的翻译文化发展史。

从柯大卫“四书”译本的整体特征来看，作为上承自己恩师马礼逊翻译理念、下启 1861 年理雅各“四书”全译本的“过渡桥梁”，柯大卫译本具有明显的传教士以文化传播者与神学家双重身份进行文化典籍翻译的特征，所显现的译本特征如下。

首先，译文内容真实可信。在文化学者的身份视野下，柯大卫有着明晰的翻译质量标准：译文内容务求贴近原文，真实可信地传递原有文意。柯大卫译本选择和保持了朴素平实、不加矫饰的文体风格，句式简洁明了，词汇的选择上也偏于日常化和口语化，而非将书面用语或学术专门术语加以堆叠。

其次，注释内容的来源正确且译介准确。与作为文化学者的身份自觉相对应，在对书中内容进行注解与说明的时候，柯大卫对原文的注释追求言必有据。故此，有别于一些儒家经典的西方译本，在注释时采用的译者自行阐释词意、句意的行为，柯大卫在注释部分所采用的策略是将中国汉、唐、宋、明诸朝注疏家的“四书”注释内容直接以平实练达的语言风格来翻译为英文。

最后，译文在以西释中、以耶释儒等理念下存在失真与变形。尽管柯大卫本意力主译文应忠实于原文文义，但欧洲文化与中国文化之间、基督教神学与中国儒家哲学之间巨大的差异性甚至一些理念上的对立性，导致他在神学家的立场上，自觉或不自觉地要维护基督教主导的欧洲文化理念和神学观念的合法、正统的权威地位。因此，柯大卫“四书”译本含有少量修饰性或改写性的阐释，以调和这种中西文化之间的冲突。

此外，由于柯大卫本人受古汉语知识水平的限制，译本中有几处对字词含义的错误解释，也有少量断句失当、错译句意的情况。这类误读、误译，本就是中英文化初始接触时期，难以避免地出现在译者与译本上的问题。

从译本所产生的实际文化影响看，我们应该注意有微观与宏观两个层次。

从微观上而言，柯大卫“四书”译本为当时英华书院乃至其他中英文学校的学生提供了一套较为理想的英语学习教材。根据学界考证，柯大卫所供职与主持的英华书院，一直有将“四书”原文作为中级班和高级班翻译教材而进行汉译英实践教学、促进学生英语实际使用能力的传统。从柯大卫译本的自序来看，他进行“四书”翻译的一个初衷，也正是作为该校教师，希望自制一套理想的高质量英语教材，以提高学生的学习水平。当然，这也构成了柯氏选择平实浅近的语言风格、简洁明了的词汇与句式的一个动因。

从宏观上来看，柯大卫“四书”译本在中西翻译史过程和儒学在英语世界中的传播进程中，产生了一系列重要影响。

其一，该译本在当时即引发了重要关注，其注释体制、语体风格、具体儒学术语的意涵界说等内容上的优点，在 30 年后直接为理雅各所直接借鉴，并应用、弘扬到他的一系列中国儒学经典翻译活动中来。

其二，该译本也确实如柯大卫本人在自序中所期待的那样，起到了更好地向西方介绍儒家思想的文化传播作用。在19世纪中前叶，该译本实际上是英语世界最重要的“四书”译本之一，如上所述，不仅对英国人理雅各产生了直接影响，而且在传入美国后，还对美国汉学家卫廉士产生影响：卫廉士在《中国总论》中关于儒家道德理念、人本精神的阐释部分，大量引用了柯大卫“四书”英译本的内容。由此可见，在当时的西方文化界，公认内容全面、准确的柯大卫译本，已具有相当的权威性，因此才会被卫廉士在学术著作中照搬过来。

其三，柯大卫译本的风行于世，也使中国儒学思想在西方哲学领域开花结果：柯译“四书”的内容，为美国超验主义的生发提供了相应的镜鉴。超验主义代表人物爱默生（Ralph Waldo Emerson）、梭罗（Henry David Thoreau）均是柯译本的受纳者，他们曾在超验主义的学术刊物《日晷》（*The Dial*）上刊登柯译本“四书”的儒家语录，以证实超验主义哲学理念是中西、古今皆已有之的普遍真理；他们也还在日记、演讲、论著中，多次引用柯译本“四书”的儒家语录；此外，梭罗还以柯译本中所介绍的安贫乐道的颜回、心性放达的曾点两个贤人为榜样，傍瓦尔登湖而居，体验儒家讲求的天人合一的美学感受。中国儒学也借由超验主义哲学家们的身体力行，在19世纪上半叶的北美大陆成为显学。

二、理雅各译本

在1928年这个意义非凡的年份，东方学会汉学家聚集在英国牛津，西方多国代表专门前往理雅各的墓地，并献上花环挽联：“1928年8月31日，在牛津集会的第十七届东方学会全体汉学家，谨献给不朽的天才理雅各大师！”（转引自马祖毅，1983：51）这些现代著名的汉学家向他献花环的原因就像英国剑桥大学教授翟理思（Hebert A. Giles）说的那样，理雅各用英语翻译的中国经典，对汉学研究做出了巨大的贡献。

理雅各在英国苏格兰阿伯丁郡的哈德利镇出生并长大。理雅各在1815—1822年经常与在马六甲传教的英国传教士米怜（William Milne）写信交流，理雅各开始了解传教事业就是通过这些信件的。在1822年，理雅各和美魏茶（William C. Milne，米怜之子）在一所学校学习，这也让他再次接触到有关传教士的更多知识。1831 年，理雅各经考试获阿伯丁大学一等奖学金；毕业后获得了最高奖学金哈顿尼恩奖学金，这是由阿伯丁大学授予的。在 1838 年，他加入伦敦会，决心到海外传教。1839 年，理雅各师从伦敦大学中文教授修德（Samuel Kidd）学习汉语。他认为儒家所有书籍，如果翻译并加上注释出版后，对传教事业会有很大影响。虽然主要目的在于传教，但是也在无形中为中西文化交流做出了巨大贡献。

理雅各虽然是位传教士，但也许并没有想到他的英文翻译对东西方沟通产生了巨大的作用，他翻译儒家经典是为了传教，但最终除了达到该目的，还产生了其他效果。后来英华书院搬到香港，理雅各开始研究和翻译中国典籍，他计划先把中国儒家传统典籍“四书五经”翻译成英文，而且附上原文、注释及长篇绪论。“四书”英译本于 1861 年在香港出版，即《中国经典》第 1 和第 2 卷。参加助译工作的有华人黄胜和湛约翰（John Chalmers）、玛高温（John MacGowan）、合信（Benjamin Hobson）、谢扶利·辛普森（Jeffrey Simpson）等传教士。后来 25 年间，他又翻译并出版了许多中国名著，如《礼记》《书经》《孝经》《易经》《诗经》《论语》《大学》《中庸》《孟子》《春秋》等。

王韬协助理雅各翻译了许多经典典籍，最开始是《竹书纪年》和《尚书》，在 1865 年出版，包含在《中国经典》第 3 卷之中。1867 年，因为理雅各回到了英国，为了翻译《诗经》，他真诚地邀请王韬，并终于在 1871 年于香港出版了《中国经典》第 4 卷。被译为英文的《春秋》与《左传》构成了《中国经典》第 5 卷，于 1872 年在香港出版。10 年后，《易经》译本在伦敦出版。王韬协助理雅各翻译的最后一本中国典籍是《礼记》，于 1885 年在伦敦出版。

1873 年，理雅各返回英国，王韬送行时曾赠序：“慕维廉、裨治文翻译地志，艾约瑟翻译重学（物理），伟烈亚力翻译天算，合信翻译医学，玛高温翻译电气学，丁韪良翻译律学，这些西方人士都是‘通西学于中国，而未及以中国经籍之精微通之于西国’，然而理氏却‘独不惮其难，注全力于十三经，别具见解，不随凡俗’，‘抗心媚古’，向西方译介中国的经籍，真是难能可贵。”（转引自马祖毅，1983：51，45）除“四书五经”外，理雅各还翻译过其他中国经典，直至去世前，还在翻译《楚辞》，可见他对自己事业的热爱。1895年，他翻译的《离骚》刊登在《英国皇家亚洲学会会刊》（*The Journal of the Royal Asiatic Society*）上。

声名远扬的法国巴黎大学汉学家儒莲（Stanislas Aignan Julien）在看了理雅各所著的《中国经典》第1卷后，深感敬佩。儒莲逝世后，“儒莲奖”为做出巨大成就的学者们而设立，以鼓励研究中国经典典籍的学者。在1875年，理雅各因其翻译著作《中国经典》获得首个“儒莲奖”。这件事也促使越来越多的英国学者研究中国经典。在发扬汉学方面，许多中国巨商也做出了巨大贡献，他们在1876年在牛津大学建立“汉学讲座”，第一任教授就是理雅各。当被任命为教授时，理雅各已经61岁，虽然他不是安立甘教会人员，也不是从牛津大学、剑桥大学这样的英国著名大学毕业的，但是他能够成为牛津大学“汉学讲座”教授，可以想象他在中国典籍上的影响力和名望。不幸的是，1897年11月29日，他因卒中在牛津病逝，人们为了纪念他对研究中国典籍付出的辛劳与贡献，特地将他最后一次在黑板上写的中国字拍摄下来，作为纪念。理雅各受到学界多方人士的赞赏，其中也包括英国剑桥大学法籍汉学教授高第（Henri Cordier），他在《中文研究学刊》（*Les Etudes Chinoises*）上表示，理雅各在很多方面都做出了很大的贡献，但最大的贡献还是对中国经典的研究与翻译。

1861年理雅各《论语》译本的出版和传播，产生了十分重要的学术意义和范式价值：英语世界后来几乎每一次对《论语》进行学术性翻译，译文体制和质量标准都依此译本为样板与参照。该译本严格遵照原文的字句顺序进行翻译，忠实地呈现了原文的文义；同时，在译文后附着中文原文，以供学者比照并帮助汉语或英语初学者进行学习；此外，理雅各还严谨地集合、参照汉代以来多位著名经学家的重要注释，撰写了英文释义条目。这样，无论从翻译内容的忠实程度，还是译本的形制规范来考察，都明显集高信度、严谨的体例性、浓郁的学术性于一身，从而为儒学典籍学术性英译的译文风格、译本建构要素的组成、内容的排布标准与体例规范，提供了明晰的范式与路径。

同时，另一个对《论语》英译形成重要影响的，是理雅各在这里首创了用 Analects 一词来作为《论语》英译本的书名。之所以选择这一单词，在于他认为这可以简明直观地反映出，该书是由各种讨论和评述的片段构成的。从此之后，《论语》的英语对应译名，也就固定对应于 Analects 一词，英美学术界和大多数英语译者至今都遵循这一学术规范。

鉴于理雅各以及其中国典籍英译活动所产生的深远影响，我国学界对他和他的译本、他的翻译活动的考察与评价，一直保持着持续性的研究和较高的关注度。不同的学者在不同的研究视域、不同的立场站位、不同的评价标准之下，对其评价褒贬并不一致，形成了多元化的歧见纷呈走势。

一部分学者对理雅各译本质量和翻译活动的文化贡献持积极肯定态度，认为理雅各《论语》译本从语言信息到文化精神，都很好地完成了用英语转写、再现《论语》风貌精髓的核心任务；而且格言警句频现，并配合以诗词韵律形式美学，是一个较成功的典范性译本（陈飞亚，1999）。理雅各的中国典籍翻译也因对中国文化精神的准确把握和忠实传递，实际上开启了近代汉学的帷幕，影响和培养了不同时代的中西方学人（王辉，2004）。

另有一部分持批评意见的学者认为，从翻译策略、语言风格、译本体制的综合评判来看，英文释义条目并非详略得当，而是太过详细烦琐，它的高频度出现和过长篇幅，都加重了译本的冗长、繁复特征；而且有些注释可能背离了孔子及其门人在对话现场的本意初衷，属于后来经学家的过度解读和误读，因此也伤害了译本对儒学精神再现与诠释的可信度与权威性（甄春亮，2001）。有人直接指出，理雅各对汉语语言、中国文化、传统思维习惯的接触程度和受纳程度比较有限，实际上导致了“表层翻译，欠缺翻译及对句子及语篇的错误理解”（黄雪霞，2005：34）。

作为一名文化传播者和汉学学者，理雅各以高度的使命意识和严谨的治学态度进行其翻译活动。他在翻译过程中，审慎地反复了解、对比古代不同经学家对同一文本的各种解释，力求确证某一个解释的合理性、可信性，然后进行译写，以保证译本的准确性。其长期坚持翻译中国典籍，在当时的文化交流条件下，无论是从知识的储备程度，还是翻译工作的韧性与译本质量的精确性而言，在当时学界中都是首屈一指的。他以朴素而忠实于原文的翻译风格和严谨的治学态度所呈献给世人的高质量典籍译本，至今仍是中西方汉学界的重要文献与初学者的基础必读书籍。从这个意义上讲，他无疑是19世纪中后期一位重要的文化交流使者和西方汉学先驱。

第二节 《论语》英译本及相关情况简介

20世纪80年代开始，越来越多的学者开始关注汉学研究，出现了对《论语》英译本的研究热潮。经过了近40年的研究，多数学者主要从译本和历史传播的角度进行研究。在译本研究方面，有些学者选择对单个译本进行研究，有些是将两个或多个译本放在一起进行比较研究。代表性研究成果诸如王东波（2008a）《〈论语〉英译比较研究——以理雅各译本与辜鸿铭译本为案例》。有些国内学者为了系统全面地研究译本，也对译者进行了研究，还有些学者不仅研究译者，还结合译者的其他翻译成果进行研究，如朱宝峰（2006）的论文《辜鸿铭翻译思想研究》。在《论语》译本的翻译传播历史方面，学者通过研究《论语》的多国译本，以及译本的接受程度和出现的问题等来探究《论语》的翻译传播历史。主要研究成果有王勇（2006）的《20年来的〈论语〉英译研究》、王东波（2008b）的《〈论语〉英译的缘起与发展》、杨平（2008b）的《〈论语〉的英译研究——总结与评价》、杨平（2009）的《〈论语〉英译的概述与评析》、杨平（2010）的《20世纪〈论语〉的英译与诠释》等。

国内有大量硕士、博士研究生的选题都是对英译《论语》的研究。倪蓓锋（2005）主要从翻译过程的理解和表达两个阶段对《论语》的五个译本进行对比研究，主要研究成果是译者主体性必然导致译本多样性。论文的目的不在于评价译本优劣，而是重点分析各译本的不同之处，证明译者在译本多样性形成中的决定性作用。王东波（2008a）运用严复的翻译理论从信、达、雅的角度对理雅各和辜鸿铭的译本进行了系统的比较。在比较过程中，作者参照了许多解读《论语》的著作，目的是在正确理解原文的前提下，能够不失偏颇地评价两个译本。除此之外，作者还阅读了多个英译版本，交叉对比不同的汉语解读本和英译本，深入分析其他评论者的论断，在证明其真实可信的情况下进行援引。王勇（2009）从翻译的转喻性方面历时地对比研究《论语》的英译。首先对《论语》的英译历史进行了系统的描述，既有中西译者英译《论语》的历史历程，也极力全面地描述了各个《论语》全译本的译者背景、译本特色以及出版后的影响，对中西译者各自的特点做了总结。《论语》英译的历史充分证明，西方译者在面对《论语》中体现的儒家思想时，出现了由傲慢与偏见到渐生尊崇之意的变化过程；其次，向国外翻译介绍中国作品，中国译者责任重大，而在具体的翻译过程中,中国译者可以参考西方译者的一些翻译策略和翻译方法。刘雪芹（2010）从“翻译的语境化”角度，也就是语境化视野下的《论语》英译批评，在译本产生和接受的语境下对翻译活动进行研究和评价。重点分析研究了辜鸿铭、马士曼和理雅各译本，并对各种批评提出了自己的见解和看法。钱健颖（2012）运用复调理论研究辜鸿铭的《论语》英译本，在他看来，辜鸿铭的《论语》译本就是一个复调对话，并对译文的三个复调特性进行了具体分析。乔宇涛（2013）以海德格尔（Martin Heidegger）和伽达默尔（Hans-Georg Gadamer）的哲学阐释学以及乔治·斯坦纳（George Steiner）的翻译阐释学为理论基础，研究对象为《论语》不同时期的六个著名英译本［译者分别为理雅各、辜鸿铭、韦利、刘殿爵、安乐哲和罗思文、黄继忠（Chichung Huang）］，从信任、侵入、吸收、补偿这四个步骤和语言哲学方面，主要通过对比研究不同生活经历、文化修养、社会历史环境、价值取向以及翻译的目的、动机等因素，研究分析文化成分在译语中的多元阐释与意义建构。这样的最终目的是研究《论语》的多元阐释与跨文化建构，从而探究同一作品被得到不同阐释的原因及典籍翻译的本质和意义。

在英美国家，另一种研究儒学的方式是对比中西方哲学中的不同观念特征，来发现两种哲学的共通之处，强调发现其差异性，其次是探索研究当代哲学中的问题。主要代表学者是安乐哲、郝大维。他们将自己的研究方法称为“比较哲学”，采用哲学汉学诠释方法，分析跨文化（intercultural）和超文化（trans-cultural）双方视角的种种共通性。二人认为应该建立起一个让东西方学者能够对共同关心的问题进行交流研究的平台。他们承认差异性，研究的主要目的是向对方提供好的机遇，为解决单一文化内部一直没有完美解决方案的问题提供另一解答方案。

安乐哲和郝大维联合出版了《通过孔子而思》（*Thinking Through Confucius*）、《期望中国：探求中国和西方的文化叙述》（*Anticipating China: Thinking Through the Narratives of Chinese and Western Culture*）、《汉哲学思维的文化探源：中西文化中的自我、真理和超越》（*Thinking from the Han: Self, Truth, and Transcendence in Chinese and Western Culture*）。以此为基础，二人合作从哲学的视角来翻译《论语》，出版了《〈论语〉的哲学诠释：比较哲学的视域》（*The Analects of Confucius: A Philosophical Translation*）。该《论语》英译本力求体现孔子哲学思想的连贯性，为西方的《论语》研究提供了一个新的模式。“安乐哲和罗思文相信，译者可以运用一种例如揭开原意（the original meaning）——即与作者或编者之所言谓者相靠近的意义——的方法去翻译《论语》。”（丁四新，2006：61）前提是译者在非本土文化的环境中探究另一种文化。

通过上述对西方世界有代表性的《论语》研究成果的总结，我们可以看出，有些西方学者采用经典诠释学方法，例如芬格莱特和史华兹（Benjamin I. Schwartz）。经典诠释学一开始就假定文本体现了其所在语言文化背景的权威观念。安乐哲和郝大维则采用了哲学诠释学的方法。西方学者在研究儒家经典过程中，还提出了一种新的研究方法，即历史诠释学。因为历史和传统不仅仅是过去生活的产物，它们也为现在和将来提供了一种精神。与此同时，历史也能够帮助我们理解由历史所孕育出的价值和观念。如白牧之（Bruce Brooks）和白妙子（Taeko Brooks）在他们的《论语》译本中根据自身的理解按照编年顺序重新排列《论语》，使读者更好地理解《论语》中错综复杂的历史顺序。

综合上述研究，当代西方的《论语》研究已经发展得比较成熟，他们的研究成果为国内的汉学研究和孔子研究学者提供了资源和新的视角，拓宽了研究视野。同时，他们的研究成果也可以为目前的儒学发展前景问题的思考展开一个新的维度。

一、刘殿爵的《论语》英译本

刘殿爵，香港著名翻译家、语言学家、汉学家。早年肄业于香港大学中文系，1946 年赴苏格兰格拉斯哥大学（University of Glasgow）攻读西洋哲学。1950 年起任教伦敦大学亚非学院（School of Oriental and African Studies, University of London），1970—1978 年任伦敦大学中文讲座教授，是英国首位出任中文讲座教授的华人。1978 年起任香港中文大学中文系讲座教授，历任文学院院长、《中国文化研究所学报》主编、吴多泰中国语文研究中心主任等职。1989 年荣休后，嗣任香港中文大学中文系荣休讲座教授及中国文化研究所荣誉教授。刘教授精研哲学及语言学，治学严谨，翻译的中国古籍准确精练，其中《老子》《孟子》《论语》三书英译本，为西方学者研究中国哲学必读之经典，被誉为译坛权威之作。其他著述有《广雅疏证：新式标点》《先秦两汉古籍逐字索引丛刊》《魏晋南北朝古籍逐字索引丛刊》《语言与思想之间》《采掇英华——刘殿爵教授论著中译集》《淮南子韵读及校勘》等。其《论语》译本受到好评。

刘重德教授在研究了理雅各译本和刘殿爵译本之后，做了如下概括：“在通读、对比里译和刘译的两种《论语》英译文后，总的印象是各有特点，互见短长。由于所处时代不同，前者用的语体为书面语，喜用复句，措辞古雅，但就年轻英文读者来说，有时不免难懂；后者用的为口语体，喜用单句，行文通俗易懂，但有时难免与原文风格不够切合……两译均有语病者 6 例；优劣互见者 5 例，里胜于刘者 12 例，刘胜于里者 8 例。”（刘重德，2001：17）

刘重德通过对比、分析理雅各和刘殿爵两人的《论语》译本，指出：两者并没有绝对意义上的优劣之分，而是各擅胜场。其中，理雅各译本倾向于大量使用复句结构和雅化词汇，其典雅严谨的 19 世纪书面语特征呈显赫化状态，虽然对当时读者来说可谓是经典驯雅的《论语》英译本，但对今天的年轻读者而言，可能有古奥难懂之感。刘殿爵译本则以口语化倾向为鲜明的语体风格特征，句式上以单句为主，给现代读者带来言简意赅且文不艰深的阅读体验；但这也阻滞了译本对《论文》原文用语古奥典雅、文义内涵丰富的语言风格和哲学精神的复现，因此其易于为读者阅读、接受的优点，也恰恰带来有时背离原文风貌的缺憾（刘重德，2001）。

二、庞德的《论语》英译本

庞德热衷于研究并翻译儒家经典数十年，颇有成就，他于1928年翻译《大学》，1947年翻译《中庸》，1950年翻译《论语》。庞德对孔子有着高度评价，不仅指出孔子对中国发展的重要性，同时也指出孔子对挽救道德缺失的西方社会起着不可磨灭的作用。西方社会需要孔子帮其认清过去，纠正眼下的种种病症。庞德把孔子作为自己的基本信仰，与希腊哲学相比，他觉得孔子哲学更具有研究意义，因为希腊哲学将大部分的时间耗费在了讨论错误上，而孔子哲学并不这样。此外，庞德认为在研读《论语》时，伏尔泰对孔子的理解有助于解读《论语》。他对孔子充满了敬佩，认为其是首位没有接受神的指示的人（Pound，1969）。

在翻译《论语》译本时，庞德并不是单纯地复述论语文本，而是加入了个人的想象和理解。他对于忠实也有着自己的认识，他认为，忠实并不指的是拘泥于文字层面，而是应该忠于原作的意象、节奏和语调。对于诗人来说，是借助诗作来表达自己的所见所想所感，实际上，翻译也是这样的一个过程，这和诗人创作诗的过程基本一样，并没有根本性的差异。不过译者也应该深入了解原作，领略其中的内涵意义。他不必花时间搜寻所谓准确的字眼儿，而应聚合情感，一旦抓住了情感，要翻译的文本就不再摇曳不定，译文中原作的灵魂犹在（Pound，1953）。传统译论认为译者应扮演好“传声筒”“为他人做嫁衣”的角色，在翻译中尽量做到隐形，这样可以让译本读者通过翻译直接领略到原文的主要内容和语言风格。但是也有一些学者认为译者在翻译过程中应该或多或少地体现自己的影子或特色，译者的翻译特色和原文内容是不可分割的一个整体。

在《论语》众多英译本中，庞德译本之所以可以获得读者的青睐是因为其独特的风格。庞德译本虽然不够准确，但其自成一格，颇具创造性。在翻译过程中，庞德追求向读者传达简约的语言，仿佛现场聆听孔子在讲话（Pound，1961）。此外，庞德的翻译作品也体现出了他和罗厄尔（Amy Lowell）、杜丽特尔（Hilda Doolittle）等人构成的意象派诗风：选择意象辞藻，抛弃平淡表达手法；善用简练语言，有时使用口语化表达，甚至使用俚语。庞德的译作并没有被原作所局限而一味追求忠实，而是在吸取原作语言和文化传统精华的基础上，挣脱原文的束缚，采用了许多鲜活的意象，一定程度上丰富了美国文学。具体译作特点如下。

第一，“传达简约语言的味道”：再现语言的简约美。庞德认为，虽然作者都会使用一定量的不传达核心话语信息的文字，来表达节奏、增加文本的流畅感，使作品语言在阅读时显得更加顺畅自然，但是译文中不应出现毫无必要性的词汇，特别是无助于文本意义表达的词汇，更不应出现（Durant，1981）。例如：

原文：（颜回）不迁怒，不贰过。

庞德译：...he didn't shift a grudge or double an error...

由此可以看出，为了表达“迁怒”的意思，庞德只用了 shift a grudge 这一个词组，简洁而又有力。与之相比，其他译者在翻译时增加了中文词汇后才进行翻译。但是这样的扩展除了补充了句子和语境以外，并没有新的意义和贡献，因此翻译儒学典籍，有时不只是语言问题，它与译者能否真正领会原文本语言简约性所蕴含的哲学、美学及教育思想直接相关。对此，庞德有着深刻的认识，在他看来，只有语言大师才能真正对文字运用自如，使用简练准确的文字表达文本的思想。再如：

原文：知之者不如好之者，好之者不如乐之者。

庞德译：Those who know aren't up to those who love; nor those who love, to those who delight in.

庞德并没有把“之”翻译出来，给读者空间，读者有自己的理解从而补充宾语。庞德尤其重视读者对文本的接受与反应：信息量不取决于一个人说了多少，而取决于听者认为其中包含多少重要信息（Pound，1973）。一方面，读者对信息量的大小起着决定作用；另一方面，读者还直接参与作品现代意义的建立。

第二，“活生生的孔子在讲话的感觉”：使得人物形象生动再现。早期传教士译者将孔子刻画为一个正襟危坐、道貌岸然的说教者，庞德对此坚决反对。他坚持认为孔子是中国人，不是中国龙，他没有超自然神力，却有着了不起的风趣和幽默（Pound，1969）。庞德有这样的认识实在是了不起。为了拉近和读者之间的距离，庞德喜用一些习语、俚语，从而生动地再现文本形象。

原文：夫闻也者，色取仁而行违，居之不疑。在邦必闻，在家必闻。

庞德译：The notorious bloke puts up a show of manhood, and acts counter to it, perfectly confident; is heard about to the end of the state, makes a noise throughout all his clan.

庞德认为孔子明确表达了自己对看重名利之人的睥睨，字里行间都旗帜鲜明。庞德笔下的孔子则是一针见血，绝不藏着掖着，毫不掩饰。

除了孔子之外，庞德笔下的其他人物也值得一提。例如：

原文：子路率尔而对曰……

庞德译：Tze-Lu replied straight off the bat.

庞德使用俚语来表现子路的鲁莽，比平白的 promptly and confidently、immediately 等更加生动形象。然而有些地方则给人时间错位（anachronism）之感（邸爱英，2009）。例如：

原文：子路曰：“愿闻子之志。”

庞德译：Tze-Lu said: Now, boss, I should like to hear your bent.

虽然孔子和弟子的感情好如父子，但是子路用 boss 来称呼孔子还是很难让人接受的。同样，“夫子何哂由也？”变成了“Boss, why did you grin at ‘The Sprout’?”，用此称谓似乎显得过于现代、不够严谨，有过犹不及之嫌（邸爱英，2009）。

第三，尝试用目标语规范。在庞德翻译的文本中，我们还可以看到他对源语和目标语的理解。在大学期间，庞德学习了拉丁文和比较文学，他除了翻译过八种欧洲语言外，还翻译过日语、汉语和古埃及语等。由于庞德受过很长时间的语言训练，他坚信，除了通过英语体现人类表达的魅力之外，其他语言同样具有魅力。

庞德的翻译和文学创作有着密不可分的关系。在20世纪初，美国本土极力反抗欧洲化以及西方古板的文学传统，试图创作出独具本土风格的文学作品，从而摆脱英国殖民文化的统治。庞德在1913年才得到费诺罗萨（Earnest Fenollose）的手稿《作为诗歌媒介的中国书写文字》，他这时才初步了解中国古诗，深切地感受到东方文化和中国古典著作的独特之处，尤其是汉字及古典诗歌中的意象。“庞德认为，中国汉字作为一种象形表意文字，本身就富于形象性和动作性……更注意中国古代诗歌的‘空白’技巧，省略诗句之间的连接词，用意象与意象的叠加来增加内涵。”（邓经武，2002：392）庞德的《论语》翻译中直接反映了这些诗歌创作的主张。

庞德的译文具有简约美，他没有盲目地迎合目标语的语言规范和读者的阅读习惯，而是很好地保留了古代汉语的基本特征。如福柯（Michel Foucault）所说：“将一种语言奋力砸向另一种语言，把源语当作投掷物，把目标语当作靶子。其目的不是意义的回归，而是用源语来颠覆目标语。”（Venuti，2004）庞德通过极力发掘原文中的文字意象挑战目标语规范。

第四，拆字法：汉字的意象美。象形字是最基本的汉字造字法，象形“取象于物、取象于人、取象于器”，而人又是感受一切现实存在的载体。所以，汉字不但有写实意义，还具有人本精神，不但是原始社会物质条件的写照，还是人们精神生活的反映（程裕祯，2003）。庞德并不是第一个开始关注汉字意象的人，其他前辈译者也曾对汉字的魅力赞叹不已。1895年版的《论语》译者詹宁斯（M. A. William Jennings）就从汉字结构角度解析儒家五德的含义（Jennings，1895）。

知=矢+口：speak to the point

仁=人+二：stand by each other/fellowmen

義=羊+我：everyone should attend to his own sheep and not steal any of his neighbors'

禮=示+豊：to show + vessel used for sacrificial offerings

信=人+言：a man standing by his word

不过，汉字是由音形义组成的，将一个汉字和它所包含的其他意义在一个英文词语中表达出来，的确十分困难，所以多数译者通常都选择用已有的英语词来表示，不过这样就不能体现汉字的内涵意义。庞德则认为上述做法不太妥帖，因为正是汉字的意象美体现了其深刻的哲理意义，他努力保留汉字的形与义。这样的做法令读者感到新奇。在解释“忠”的实质意义时，运用 to act from the middle of heart，这一翻译将中文的内涵准确表达出来，十分独特。除此之外，他一直用意象来解释原文的含义。就拿第一句来说，“学而时习之”的意象是鸟儿振翅而飞，“study with the seasons winging past, is not this pleasant?”。通过拆字的方式，“困”的意象是树木的生长受到限制。

庞德注重汉字的自然联系，认为汉语是一种生动的语言，这体现了他想要摆脱社会化与传统约束的想法，表现出他对有自由、独特特点语言的不懈追求。他可以看见汉语的词源，这表明他对孔子的敬仰与支持。然而，庞德沉醉于研究汉字的象形词源意义，传达意象成为其在翻译中首要考虑的翻译方法。例如：

原文：已矣乎！吾未见能见其过而自讼者也。

庞德译：Is this the end of it? I have seen no one who can see his errors and then go into his own mind and demand justice on them in precise, just, discriminating words.

他将“讼”字拆开理解为“公正的言语”，为了说明一个汉字的意义竟用三个词来不断强化，由此可见汉字的巨大力量。但是，有时庞德对意象的执着容易将译者的理解带入歧途，同时对读者也产生了严重的困扰。又如，针对文本中两次出现的“君子博学于文，约之以礼，亦可以弗畔矣夫！”，庞德的翻译有很大差别。

（1）A proper man extends his study of accomplishment, he brings it into close definition for the rites, and that may enable him to keep from divagations (from overstepping the edge of the field).

（2）Extensive study for accomplishments; restraint by the rites; by short-cuts across fields you lose the great road.

第一个解释：“畔”，字面意思“田界”（许慎，2013：40），引申为“越过田界”。第二个解释则局限于“畔”字的意象：田+半=short-cuts across fields。不可否认的是，庞德的译本充满了诗意，但是其过分追求汉字意象，从而使得翻译中出现了错误，也带来了麻烦。在下面的一例中，庞德则更是将对汉字意象的痴迷体现得淋漓尽致。

原文：君子坦荡荡，小人长戚戚。

庞德译：... the proper man: sun-rise over the land, level, grass, sun, shade, flowing out; the mean man adds distress to distress.

庞德将“坦”拆分为土地、太阳、水平线，将“荡”拆分为草、影子和满溢，所有的意象叠加在一起，令人不免眼花缭乱。

译文和原文的意义大相径庭，从而使得双语读者不知所云，摸不着头脑。原因是，我们熟悉的大部分汉字早已失去了其原始的意象，并不能直接表现物象，成为武断符号。庞德深知这一点，但他执意运用拆字法翻译是有其特殊目的的，即美国现代诗的审美构成，对语言所执行的表达功能提出了新的要求：既能直接描述物质的外在形态，又能直接呈现物质的美学意蕴。通过引入汉字、凸显汉字的象形属性，英语也能在一定程度上达成上述直接反映物质内、外特质的美学效果（赵毅衡，2003）。

三、安乐哲、罗思文的《论语》英译本

作为以沟通中西哲学为己任的汉学家，安乐哲、罗思文把《论语》英译活动，不仅当成一次对《论语》已有译本信息的修正、提升，还努力实现在《论语》译本中的中西方哲学对比，并尝试为西方哲学的发展路径找到一个由《论语》所启发、具有东方主义特征的前进道路。从这个意义上讲，两人合译的《论语》英译本，实际上完成了一次以《论语》为媒介、以孔子思想为内核的中西哲学对话。

从译者的立场来看，安乐哲、罗思文早已关注到在“西方中心主义”的长期影响下，在英语世界里，人们对外来文化特别是东方文化成果的受纳过程中,已经形成了根深蒂固的歧视性前见和否定性所主导的接受态度。因此，他们反其道而行之，以中国文化固有特征和哲学传统为出发点，梳理《论语》中的哲学体系，诠释孔子思想对今天西方社会和哲学研究的指示性价值，从而以映射和反观的方式，实现了孔子思想对西方哲学的启发与对话。

为了达成这一目标，两位译者毫不迎合西方翻译传统与读者的期待视野，毫不妥协于英语读者的固有前见，力图呈现中国文化传统和孔子思想的本来面目，主要采取的是异化的翻译策略。

两位译者注意到，《论语》中的孔子思想，有着把哲学问题具象化、放置于具体语境中进行阐释的鲜明特征，这导致孔子思想总是和具体案例的解读相联系，而不是像西方哲学传统那样，抽离于具体物质形态之上，形成了超越性、泛指性的抽象化概念体系。因此，在《论语》的翻译过程中，实际上要注意，同一个汉语单词或者儒学术语如“仁”“义”“智”等在不同的语境中有着具体的内涵指向，不能僵化地使用一个英语译语进行统一翻译，而必须找到具体的意涵对应词汇，实现不同语境的对应翻译。为此，两位译者在翻译儒学术语时，主动跳出学术界和翻译界业已习惯使用的术语体系，力求规避抽象化、概念化、泛指化术语的使用，而寻找符合具体语境要求、蕴含事件性特征的术语。

而且，为了在译本中更好地还原《论语》原文关注具体事件进程、孔

门师徒用切身感受来表征哲学道理的特征，译文中大量使用了过程性的和感受性的动词、动名词结构、时态，既回应了汉语原文的语境特质，也向读者突出指明了事件的过程化特征，更暗示了语境的特定性、唯一性指向。这样的翻译方式，也和19世纪以来《论语》英译普遍使用一般进行时或一般过去时的翻译传统形成了明显的对峙。所以，该译本有着明确的“去西方中心化”的特征。

同时，安乐哲、罗思文并没有以新的“东方中心”立场来填充“西方中心”挪移出局之后的站位空白，而是意识到以“去文化中心主义”的态度站在他者的角度对中国传统文化和西方文化进行客观比照，在此基础上产生新的认识。通过对比，他们看到，孔子思想通过相互依存而又相互背反的两极性概念进行哲理的表征与阐释，而且这些两极性概念的运用已经深入到中国文化传统和哲学逻辑传统中；这些两极性概念在文化与哲学领域的日常存在形态和使用方式恰恰都是西方哲学传统和哲学体系所缺少和亟须补充的。

因此，其《论语》译本以其丰富的中西哲学对比为内容特征，用还原和诠释中国文化传统、哲学内涵的语句营造了学术讨论与哲学对话语境：通过揭示《论语》的内涵、对《论语》做出不同于受“西方中心主义”影响的前辈译者们的新解读，最终映射西方文化的弊端与困境，寻找与建构西方哲学的新出路。

第三节 《中庸》英译本及相关情况简介

早期的传教士、西方汉学家和国内的学者对《中庸》英译本的研究较多。卫礼贤（Richard Wilhelm）于20世纪初翻译了《论语》《大学》的部分章节，之后也翻译了《中庸》，但是他的译作在当时并没有产生较大的反响，就是现在也鲜被提及。

一、理雅各的《中庸》英译本

理雅各是英国著名汉学家，也是较早系统研究、翻译中国典籍的学者，他翻译的《中国经典》影响巨大，受到大量学者的认可。《中国经典》首次在香港出版时，第一卷中有《论语》《大学》《中庸》。后来在翻译《礼记》时，将《中庸》加在其内，且将英译名改为 *The State of Equilibrium and Harmony*，不过在其他版本中，《中庸》的英译名依然采用原有译法 *The Doctrine of the Mean*。理雅各在翻译时加入了许多注解，便于西方人理解其中的深意，比较系统地介绍了中国经典《中庸》。

二、辜鸿铭的《中庸》英译本

辜鸿铭，作为清末民初中国学术界、教育界的“奇人”，一直以来都受到了学术界和文化界的关注。尽管他也曾受到过学术界人士的批判，但他在国内外学术界的影响还是不容小觑的。他对文化理解深刻，对东方文化更是如此。由于辜鸿铭有着深厚的中西方文化功底，因此，他对中西方两种文化都有着自己的解读和深刻的理解。但他本人对东方文化和西方文化所持的态度有所不同，对西方文化持有一种批判式观点，而对东方文化持有一种全盘接受的态度，尤其对于传承中华文明的儒家经典文化。他区分了两种文化，将东方文化定义为一种高贵典雅的文化，极度贬低西方文化。他站在了文化制高点上，用自己对东方文化的深刻理解来批判西方文化的浅显与肤浅。正如中国文化词汇中“过犹不及”一词所说，他的这种全盘吸收态度并不利于文化传播，毕竟东方文化中“精华”与“糟粕”是并存的。虽然他的一家之言带有偏见和主观思想，但毫无疑问，他作为东方文化的传播者，凭借自己的传播力量在文化交流的路上不断地耕耘，以东方文化为立足点，竭尽全力利用自己的翻译活动，试图进行文化传播，弘扬中国文化。辜鸿铭在 1904 年完成了《中庸》英译版本，译名为 *The Universal Order or Conduct of Life*，当年在《日本邮报》（*Japan Mail*）发表，1906 年其单行本由《文汇报》在上海出版。辜鸿铭的《中庸》英译后来被林语堂收在《孔子的智慧》（*The Wisdom of Confucius*）一书中，林语堂对译文进行了微调。

辜鸿铭的《中庸》译本，从序言、四个附录以及内容翻译来进行研究。在序言中他明确表达了自己翻译《中庸》的道德诉求及目的。接着大篇幅地引用西方思想文化界言论，进而论述《中庸》里的思想。辜鸿铭将《中庸》第 20 章“哀公问政”与第 16 章“鬼神之为德”的译文对调了在原文中的位置，使得译文不拘泥于原文顺序，采取意译方法，关注目标语读者的理解能力，积极发挥译者的作用，让西方读者看到切合自身思维逻辑顺序的译文后，从而产生关联，理解原文思想内涵。

三、休中诚的《中庸》英译本

毕业于牛津大学的休中诚（E. R. Hughes）生于伦敦，他英译了《大学》和《中庸》，合译本的书名是《大学中庸》（*The Great Learning and the Mean-in-Action*）。他从另一个视角进行分析，没有直接翻译，而是用大部分篇章来讲述两本书作者的生平背景、写作年代以及当时社会背景下对中外社会产生的意义。与理雅各、辜鸿铭、林语堂等人的翻译相比，他的译本具有很大的进步性。但不得不提的是，休中诚的译本过度强调《中庸》的哲学性，哲学意味颇浓。休中诚把“诚”译为 realness（真实）（“诚”在字典中对应的含义还有 sincere、honest、really、actually、indeed 等），故“自诚明”一句被翻译为 to be able to proceed from the capacity for realness to understanding is to be ascribed to the nature of man，realness 不如理雅各所用的 sincerity 更加符合“诚”在英文词典中的含义。

四、陈荣捷的《中庸》英译本

20 世纪 60 年代，陈荣捷（Wing-Tsit Chan）撰写了一本书，名为《中国哲学文献选编》（*A Source Book in Chinese Philosophy*），向英语读者介绍了“中国哲学”。作为该书的第五章，《中庸》被全部翻译成英语。陈荣捷对《中庸》这部著作给予了很高的评价，称其为全部古代儒家文献中的一部哲学著作，堪称最具哲学性的著作。

《中国哲学文献选编》被用来作为讲授中国哲学的教材，1963 年由普林斯顿大学出版社出版，在西方学术界产生了很大反响。此书后来被杨儒宾、吴有能等人回译为中文，陈荣捷的译文以英文形式在西方学术界获得巨大反响，而且即使回译为中文，也能成为中国学者学习和研究哲学的珍贵来源。

陈荣捷的译本既具有通俗的一面，又含有哲学意味，如对“诚”“仁”的阐释，对“知行合一”的理解。译本中句式较为简单，文中对关键概念附有解释，流畅可读，普通读者也可以很好地理解译文。最主要的是，译本在字里行间能够体现《中庸》思想的精髓和内涵。

五、安乐哲和郝大维的《中庸》英译本

安乐哲和郝大维认为《中庸》中最重要的范畴有五个：天、命、性、心、情。他在第一章中就说明了这点。因此，安乐哲和郝大维认为，《中庸》第一章是孔伋所作，为关键内容，后面的各章引用孔子、《诗经》等内容都是在阐述第一章的核心。他认为，《中庸》思想核心在于人与天的关系，突出强调了人与天的共同创造性。朱熹阐述“四书”各著作之间的关系：读《大学》，首先能够对修身有一个大致了解；读《论语》，熟知修身的范围、内容；读《孟子》，对修身的理解更进一步；读《中庸》，对修身的理解达到了哲学层面。朱熹把《中庸》放在了阅读顺序的最后，阐明了《中庸》哲学的深刻性与内涵性。《中庸》如同贝多芬的《第九交响曲》，节奏感舒缓有序，开始时很平缓，而到末章波涛汹涌，跌宕起伏，通过引用《诗经》来表达深刻的思想。

六、中国学者对《中庸》几个英译本的研究

（一）对理雅各的《中庸》英译本的研究

岳峰（2004a）《架设东西方的桥梁——英国汉学家理雅各研究》，分

析了理雅各的生平、学术思想对其翻译策略与文本言语的选择、翻译文化观念与翻译理论的形成，都产生了多重的影响。他通过还原19世纪中后期的历史语境，多维度考察和阐释了理雅各对中国文化在世界传播所做出的巨大贡献。此外，岳峰也梳理了理雅各典籍翻译中的各种缺憾与失误。

王辉（2008）《理雅各〈中庸〉译本与传教士东方主义》，通过对理雅各的《中庸》译本的译文正文与注释条目进行话语分析和立场站位解读，指出理雅各在翻译过程中，或显或隐地展示了他所秉持的传教士东方主义视觉，即他欣赏并非真正认同儒家文化，基督教文化与殖民主义话语才构成了他文化价值观念的内核。在《理雅各的儒教一神论》中，王辉（2007b）解构了理雅各对孔子和儒学的接受过程中，对孔子形象所赋予的宗教品质、对儒学体系所赋予的宗教色彩，深入探析了理雅各在翻译《中庸》时所暗含于译本中的宗教文化意识和传教意图。

侯健（2015）《推而行之：〈中庸〉英译研究》，考察了理雅各的文化态度，认为他主观、强硬地将基督教一神论作为翻译活动的前见，硬性配置于《中庸》译文制作，这也阻滞了他对原文中儒家哲学声音的接受和评估，导致其译本在不同章句的诠释中或多或少呈现出粗浅化和误读化两个不良倾向。

段怀清（2005）《理雅各〈中国经典〉翻译缘起及体例考略》指出：理雅各对中国文化经典的翻译历程和译文本身，记录与反映了理雅各在19世纪传教士与早期汉学家两种身份间斡旋。他尝试接触中国传统文化经典，并探寻跨越中英两国文化的有效交流方式。作者认为，理雅各译著的内容和立场反映出，他找寻的跨文化交际模式既非传教士群体所常见的殖民主义式的也非汉学家视野下的东方主义式的，其竭力自塑一种摆脱时代束缚、更具人文观照深度的跨文化交流范式。

孙英丽（2009）《中国经典对西方思想的影响——英美对〈大学〉〈中庸〉等经典的译介》，认为理雅各的翻译活动代表了19世纪东学西渐的高峰，他的《中庸》等译著具有浓厚的哲学意味，将英语世界对中国古典文化的翻译与研究，从科普维度推向哲学、政治学、社会学、伦理学等多个维度，从而诱发中国文化深层思想价值在英语世界中的深刻认同，助推了中国文化整体形象的关键性建构。

孟宇（2013）《后殖民翻译理论视角下〈中庸〉英译文本研究——辜鸿铭译本与理雅各译本之比较》指出，从表征而言，理雅各的《中庸》译本采取异化策略，忠实于原文风格的呈现，在汉学早期研究场域中具有颇高的学术价值；此表征背后是中西文化之间的文化权力争夺与相互制衡的活动，理雅各本人在晚清中国历史现场中对自身多重文化身份的感知与建构，导致其在翻译动机的形成、对翻译结果的预设、翻译策略的选择等方面都具有多重性与多歧性。

（二）对辜鸿铭的《中庸》英译本的研究

王辉（2007a）《后殖民视域下的辜鸿铭〈中庸〉译本》，分析了辜鸿铭翻译目的中的道德诉求，以及出于对儒学普适性价值的坚定信念，引入大量西方著作进行文化对接与理念疏通，从而形成了以归化为主的策略选择，其传播效应则直接影响了当时殖民主义国家在文化场域中的站位与态度的改进。

朱宝峰（2006）《辜鸿铭翻译思想研究》，通过串联辜鸿铭的翻译价值观、翻译理论、翻译实践，指出了他具有传统的道德自省意识、明确的文化传承责任感和通达清醒的世界文化沟通视野以及强烈的国家文化竞争意识，并尝试对其翻译思想进行体系化总结。

经晶（2011）《互文性视角下的辜鸿铭之〈中庸〉英译文本研究》，以词汇的选择和使用情况为具体研究对象，论证和解析辜鸿铭在原文、译文与自撰注释之间，兼顾作者、译者、读者三重身份的互文性特征。

李佳（2010）《对外翻译和文化输出：以辜鸿铭〈中庸〉英译为例》，站在中英翻译史、中外文化交流史的动态进程上，检视辜鸿铭的《中庸》译本的诞生过程与传播价值，考证了辜鸿铭在翻译过程中对翻译策略、译本建构的重视和对读者受纳意识、译本传播效果的预设，指出在当时列强环伺的政治文化背景下，辜鸿铭的《中庸》译本的出现与传播，对争取儒家哲学与中国文化在国际学术界、文化界的话语权力和优势地位起到了卓有成效的推进作用。

郑玉凤和陈可培（2010）《从翻译规范论视角评析辜鸿铭英译〈中庸〉》，指出辜鸿铭在整个翻译进程中，严格遵循了预备规范、操作规范、初始规范的路线，并倾向于更多使用归化策略，以切近西方读者的逻辑思维构式来译介《中庸》，从而促成了该译本的广泛受纳。

章莉（2010）《后殖民视域下辜鸿铭的儒经英译》，则从后殖民主义的视角归纳了译本的翻译策略和译文特征，指出其所使用的翻译技巧对现代经典英译与受纳有着重要的启迪作用。

丁莉（2008）《从译者主体性角度看辜鸿铭的儒经翻译》与刘红新（2007）《译者主体性和译语文化规范观照下的辜鸿铭之儒家经典英译》，均注重通过译者的文化态度、翻译动机等因素分析，来解构译本的翻译策略、译语选择、翻译规范等构成要素的生成历程。

（三）对庞德的《中庸》英译本的研究

Cheadle（1989）《庞德〈中庸〉翻译中光的视界》（“The Vision of Light in Ezra Pound's *The Unhobbling Pivot*”），通过爬梳庞德《中庸》的翻译历程，解构翻译进程中起到影响作用的各种翻译生态要素，指出译本中含有新柏拉图主义思想的倾向；并通过还原庞德所处社会政治现场，解释了译本中出现的话语转向。

宋晓春（2014）《新柏拉图之光与庞德的〈中庸〉翻译》，讨论了新柏拉图主义思想与《中庸》文本之间的相似性，指出两者都构建了以神秘、超越的“一”为主导的、具有层级性的思想体系；而庞德通过引入新柏拉图主义思想来诠释《中庸》文意，其译本具有明显的哲学属性，使得《中庸》在西方受纳的方向性更为多元。

陶乃侃（2006）《庞德与中国文化》，指出庞德的《中庸》翻译有着明确的现实指向性，其译本以“修身”为切入点，引出“治国”的旨归，强调的是个人道德、社会伦理与国家治理之间的互动关系；同时，在话语策略方面，选择“中”为诠释《中庸》内涵的主干意向，因此译本具有浓郁的中国文化气息，而非辜鸿铭译本那种归化于西方话语的特征。

钱兆明和欧荣（2015）《缘起缘落：方志彤与庞德后期儒家经典翻译

考》，阐述了庞德在《中庸》翻译进程中，对“敬”作为儒家文化内核的感知与确信；并列举了他建立于具体语境、具体阐释的认识基础上，对一些儒家概念、术语词汇所进行的机动性翻译。

（四）对陈荣捷的《中庸》英译本的研究

赵常玲（2017）《功能语境视角下的〈中庸〉英译本比较研究》，分析了陈荣捷的《中庸》译本的意义体现形式，指出：从概念意义体现形式来看，陈译小句过程类型与原文较为接近；从人际意义体现形式来看，陈译也较忠实于原文语气结构，意愿情态词也比较贴近原文；从语篇意义体现形式来看，陈译顺从于原文的逻辑结构和情景语境配置，并在话语表达方面较少受到宗教因素影响。

侯健（2015）《推而行之：〈中庸〉英译研究》，指出陈译本抛离了宗教、哲学等影响 19 世纪中前期以来译者的主流观念，转而重点关注中西文化的差异与弥合，内涵上以回归宋明理学的解读为译文基本指向，同时形态上却向西方哲学的形而上学传统疏通；译本一定程度上沿用了理雅各译本的术语翻译，但又重塑了其中的能指与所指。一方面，儒家思想的形而上学化诠释，确实推进了《中庸》译本在西方哲学场域的接受；另一方面，中国典籍的原貌、人本向度和思想价值，都遭到不同程度的削弱。

（五）对安乐哲和郝大维的《中庸》合译本的研究

安乐哲和郝大维（2002）合著的《〈中庸〉新论：哲学与宗教性的诠释》阐释了译者本人对《中庸》乃至儒学所持的哲学与宗教双重属性的认知立场，也提供了学界解读合译本《中庸》的文化态度、翻译策略、文本建构的第一手资料。基于对合译本的阅读，以及对译者所论《中庸》双重属性的争议，催生出研究者们不同的评价立场。较为典型的，正面评价者如 Sivin（2004）《〈中庸〉专题论文》（“On Some Dimensions of the *Zhongyong*”），认为合译本《中庸》完成了对原作者思想的展现，并呈现出原作者复杂思想内涵的不同层次，使之富有体系化特征，有力地冲击和修正了西方哲学界对中国古典哲学的非系统、怪异性等刻板印象。谭晓丽

（2012）《安乐哲、郝大维〈中庸〉译本与美国实用主义》认为，译者在翻译过程中重视西方汉学家和海外新儒学的学术成果，翻译活动的目标更多指向于通过经典的新诠释、新解读，对接当下西方社会，提升了接受的效度。

持批判立场者，如费乐仁（2017）《对安乐哲、郝大维英译〈中庸〉的文本和哲学批判》指出，将世俗主义世界观不合理地输入至古代的《中庸》文本翻译进程中，已经违反了诠释权威古典著作的基本原则，并实际上造成了经典的误译、误读。倪培民（2005）《从功夫论的角度解读〈中庸〉——评安乐哲与郝大维的〈中庸〉英译》肯定了译本中使用的动态世界观是一次典籍翻译观念的革新创举，但对译本中形而上学内容的大量出现与过度诠释进行了批评，认为其背离了《中庸》原著的成书初衷。莫卡德（2006）《解读的衰落：美国汉学的“哲学转向”》、斯蒂克勒（2005）《解释〈中庸〉：孔子是诡辩派还是亚里士多德派》均认为译者以西方哲学观念如实用主义、笛卡儿（René Descartes）理性主义施于解读《中庸》的前见之中，影响了翻译策略、译语选择、译本话语建构等各方面的实践，导致了译本内容与原著精神的剥离。

第四节 《大学》英译本及相关情况简介

《大学》原为《礼记》第四十二篇，宋朝程颢、程颐将其从《礼记》中分离出来，并对其进行编次章句，形成了最初的《大学》版本。后来，朱熹将《论语》《孟子》《大学》《中庸》四书进行合编注释，形成了著名的“四书五经”中的“四书”。从此，《大学》成为儒家经典。《大学》主要讲修身立命、治国安邦的大道之行，以“明明德”“亲民”“止于至善”三大纲领为核心展开论述。

虽然《大学》数百年来在中国以外被广泛传播，但《大学》的翻译研究相对有限。一般来说，《大学》英文版的研究大致可以分为三类。

第一，对某个译者的《大学》英译本进行研究。其中，庞德和马礼逊的《大学》英译本广受研究者的喜爱。曹淑娟（2011）研究了庞德《大学》英译本中的主体性，认为主体性体现在三个方面：其一，庞德翻译《大学》的目的；其二，庞德在翻译《大学》的过程中采用了阐释性翻译策略；其三，庞德采用析字法（letter-analysis）解释这部经典文学作品中的诸多术语。以上三个方面充分体现出译者在翻译过程中的能动性与创造性。

王辉和叶拉美（2008）在《“直译”的政治：马礼逊〈大学〉译本析论》一文中研究了罗伯特·莫里森（Robert Morrison）的译本。他们指出，莫里森在翻译过程中采用了直译的翻译技巧，因此莫里森的翻译做到了与原作形和神上的统一。而且，在翻译时，莫里森没有采用意译或者阐释的手法，而是直接将原文呈现给读者，这使得西方读者认为中国经典文学就是这样的，使得儒家文学和中国文学在西方读者中并没有产生多大的思想共鸣。但是，刘响慧（2012）在其论文《操控理论下的庞德〈大学〉译本》中表示翻译不可避免地带有译者个人和译入语文化的特征。作为译者，他有自己的意识形态和文化背景，而且与此同时，他也深受历史意识形态和诗学特点的影响。在庞德的译文中，他使用了大量生动形象的现代词汇来塑造原文中的各种事物，用以表达自己的诗学特点。在论文《庞德汉诗英译原则研究——以〈华夏集〉和〈大学〉为例》中，李正栓和李双燕（2013）提出了语用原则和重新建构原则，强调在翻译的过程中做到形和神的统一。

第二，对《大学》不同英译本进行对比分析。其中最具代表性的是方美珍（2011）的研究成果《〈大学〉英译版本比较》，该论文基于功能理论，对比了理雅各、莫里森、马士曼、林语堂的《大学》英译本。方美珍从翻译策略、文化负载词、句子结构和意义传递四个方面揭示了四个译本的异同之处。对比论文发现，翻译目的不同及目标读者不同，都会导致四位译者采用不同的翻译策略。理雅各的《大学》译本因其百科全书式的注释被英语世界的读者奉为最标准的译本。马士曼的《大学》译本也带有详细的注释，被收进《中国言法》（*Elements of Chinese Grammar*），作为学习汉语的工具书。莫里森的《大学》译本很简洁，因此对原作的一些词汇和句子结构难免有理解不到位的地方。林语堂的《大学》译本虽然做到了翻译精准、文体流畅，但是缺乏对一些文化负载词的注释。总体来说，理雅各和马士曼的译本属于纪实型翻译，而林语堂和莫里森的译本属于工具型翻译。

第三，近几年，众多硕士学位论文着眼于分析《大学》英译本的研究领域。曹淑娟（2012）的学位论文《〈大学〉庞德译本的译者主体性研究》由导师李照国教授指导。文章试图从译者主体性角度探究庞德最后一个《大学》英译本 *The Great Digest*。自 20 世纪 80 年代“文化转向”后，译者的地位得到了人们的普遍认同。翻译研究角度逐渐转变，从只关注译文到后来的关注译者的文化背景、译者的身份以及译者的动机。文章首先综述了《大学》在国内外的研究现状，讨论了庞德及其儒学的相关翻译，指出该领域的相对局限性，从而提出研究领域的必要性；而后阐述了翻译研究中译者地位的转变及译者主体性的研究意义；接着探究了《大学》的发展、内容、意义和主要英译本，并从“儒学家”和翻译家的角度对庞德进行了剖析；最后，从五个方面探究了庞德的译者主体性在该译本中的体现，并将其与理雅各、马礼逊及林语堂的译本进行对比分析，以突出其特点。

卢晓燕（2013）的学位论文《翻译适应选择论视角下的理雅各〈大学〉英译研究》理论的基本理念包括：翻译即适应与选择；译者为中心；最佳翻译是译者对翻译生态环境多维度适应和适应性选择的累积结果。翻译适应选择论包括四个次级理论：翻译过程为译者适应与译者选择交替进行的循环过程；翻译原则为多维度适应与适应性选择；翻译方法为三维转换——语言维、文化维、交际维；译评标准则包括多维转换程度、读者反馈和译者素质。结合当时的社会背景，分析理雅各的《大学》英译本如何能在当时所面临的特殊翻译生态环境中生存下来，继而研究理雅各为此而做出的选择性适应和适应性选择，从语言、文化、交际三维的角度分析理雅各所采用的翻译方法和策略。

杨翠翠（2014）的学位论文《理雅各〈大学〉英译本中厚重翻译的应用》对《大学》英译本中的厚重翻译法进行深入的剖析，通过在译文中添加前言、绪论、原文本、大量脚注及附录索引，理雅各系统地阐明了其翻译动机、翻译原则、原文本的历史地位、作者、版本及其文本所包含的文化习语等，以此将读者置身于源语丰富的文化和语言语境之中。其次，杨翠翠还分析了“厚重翻译”这一现象出现的原因，认为译者的翻译目的、读者定位、文本类型及中英语言差异都促成了译者对该翻译法的采用。

赵桐（2016）的学位论文《哲学阐释学视角下〈大学〉英译对比研究》尝试将哲学阐释学的理论引入《大学》英译本的研究，对理雅各和林语堂的《大学》英译本进行对比分析，探求一种翻译研究新思路。从理解的历史性（偏见）、视域融合和效果历史这三个角度对比分析理雅各和林语堂的《大学》英译本的特点与差异，并阐释译本呈现不同特点和相互差异的哲学阐释学理据。多维视域的融合彰显了各译本独特的光彩，不同时代的译本无所谓优劣，时代的发展也催生新的译本。中国典籍翻译应当注重视域融合的过程，为文化交流做出新的贡献。

第五节　《孟子》英译本及相关情况简介

孟子，名轲，字子舆，战国中期鲁国邹人（今山东邹城市东南部人），距离孔子的故乡曲阜不远。他是著名的思想家、政治家、教育家，孔子学说的继承者，儒家的重要代表人物；著有《孟子》一书，该书属语录体散文集。《孟子》一书是孟子的言论汇编，由孟子及其弟子共同编写而成，是记录孟子的语言、政治观点（仁政、兼爱、非攻，主张和平，反对战争）和政治行动的儒家经典著作。

孟子师承孔伋（孔子之孙，一般来说是师承自孔伋的学生），继承并发扬了孔子的思想，成为仅次于孔子的一代儒家宗师，有“亚圣”之称，与孔子并称为“孔孟”。孟子曾效仿孔子，带领门徒游说各国。但不被当时各国所接受，退隐与弟子一起著书。《孟子》是记录孟子言行的一部著作，也是儒家重要经典之一。篇目有：①《梁惠王》（上、下）；②《公孙丑》（上、下）；③《滕文公》（上、下）；④《离娄》（上、下）；⑤《万章》（上、下）；⑥《告子》（上、下）；⑦《尽心》（上、下）。

《孟子》行文气势磅礴，感情充沛，雄辩滔滔，极富感染力，流传后世，影响深远，成为儒家经典著作之一。孟子的文章说理畅达，气势充沛并长于论辩。

虽然《孟子》一书沿用《论语》的形式而写，但是风格却截然不同。文章段落更长，而且运用多种修辞技巧，使得论点更具有说服力。目前，包括全译本和节译本在内，至少有16本《孟子》英译本。

1970年，英国企鹅出版集团出版刘殿爵翻译的《孟子》全译本。《孟子》一书其他的海外译者还包括赖发洛、韦利、翟林奈（Lionel Giles）和威尔（James R. Ware）等（杨颖育，2010）。直到现在，《孟子》的翻译工作仍主要由西方汉学家和中国的海外学者进行。1999年，“大中华文库”收录赵甄陶、张文庭、周定之版本。最近的一个英译版本为1999年出版的何作康译本。翟林奈译本为节译本，他删去了122章节，而且并未对此做出解释，其他的两个版本按照主题分为几类，对原文本结构进行重大调整（杨颖育，2010）。

一、中国学者对《孟子》英译本的研究

目前中国学者对《孟子》英译本的研究无论从广度还是深度上讲都相对不足。从收集到的材料看，研究对象多关于理雅各的《孟子》英译本，内容也主要集中在效果关联和语言转换的问题上，对译本能否准确再现原文本的思想文化并不关注。

（一）与《孟子》英译本研究相关的主要硕博论文和期刊文章

余敏（2001）的学位论文《从理雅各英译〈孟子〉看散文风格的传译》指出散文风格翻译是文学风格翻译的一部分。在文学风格可译性这个问题上，文章对比了中国古典名著《孟子》原文和理雅各英译本《孟子》译文，分析了两篇作品的艺术风格，认为理雅各英译的《孟子》在风格上切合于原文，从而证实散文风格是可译的。

赵文源（2005）的学位论文《文化词语的翻译——比较〈孟子〉的两个英译本》以理雅各的《孟子》译本和赵甄陶、张文庭、周定之英译，杨伯峻今译的“大中华文库”版《孟子》为研究对象，列举了八种翻译文化词语的方法，认为这些方法各有优劣，在实际的翻译过程中，需要灵活使

用翻译方法，达到理解的目的。

陈琳琳（2006）的学位论文《理雅各英译〈孟子〉研究》以功能翻译和交际翻译为理论支撑，以理雅各的《孟子》英译本为基础材料，从词汇来源、句法内容、语言风格三个层面分析了译文与原文的对等问题，认为理想的译作应在内容、形式、结构、风格上反映原文风貌。

任伟（2005）的学位论文《试论中国译者在汉籍英译中的角色——以〈孟子〉为例》从语言和文化两个层面对三种译本进行比较，以“大中华文库”版《孟子》为主线，讨论了“大中华文库”版在复译中的得与失、复译版本间的关系，以及复译时应该采取的态度。

张静（2008）的学位论文《理雅各〈孟子〉翻译研究》从宗教渗透的翻译表现、救世济民的翻译价值、东西交流的翻译目的论、所采取的翻译标准四个方面论述理雅各翻译思想，认为理雅各在翻译《孟子》时，能够把传统的儒家释经方法运用到翻译实践中，并提出了儒、耶互补互学的思想，对后世的古典翻译和文献翻译都产生了重大意义。

张琳娜（2011）的学位论文《顺应—关联模式下〈孟子〉中的隐喻构建与理解》在顺应关联理论的支撑下，以《孟子》中的新奇隐喻为研究对象，将理论和研究数据相结合，从语用和认知角度出发，重现日常交际中的隐喻现象，为今后的研究者提供了一个全新的阐释角度。

刘单平（2011）的学位论文《〈孟子〉三种英译本比较研究》从文化地位和文化传播角度对三种《孟子》英译本进行比较研究，探讨影响译者准确理解原文的因素和确保译者准确再现原文内涵的方法，体现孟子思想的精髓，从而准确向世界传播中国传统文化的真实面貌。

李海燕（2012）的学位论文《评价理论视角下的〈孟子〉话语分析》以《孟子》每卷第一章作为语料，采用定性分析和定量分析相结合的方法，并侧重定性分析。作者发现《孟子》中较多积极向上的思想，运用鉴赏分析和情感分析来探讨《孟子》中的积极因素；同时，运用评价理论研究《孟子》中的评价价值，为后来学者研究《孟子》这一经典文献提供一个新的理论视角。

李亚丽（2012）的学位论文《〈孟子〉英译研究——两个译本的个案

分析》通过比较《孟子》理雅各译本与赵甄陶等的译本，从注释、风格再现、修辞、文化翻译策略层面探讨两个译本的翻译方法和译文风格。

闭景景（2012）的学位论文《哲学阐释学观照下〈孟子〉两个英译本的比较研究》以伽达默尔哲学阐释学为理论基础，对《孟子》的两部译作——理雅各1861年的译本和刘殿爵1970年的译本进行比较研究，主要分析两个译本之间的差异、两个译本如何接近原著、采取何种方式。

付平平（2012）的学位论文《〈孟子〉两部英译本的比较研究》在句法和风格以及文化层次上对理雅各和刘殿爵两位译者的英汉语言差异和译文进行了比较分析，认为两位译者大多忠实地传达了原文的意思，但由于英汉语言差异存在不可翻译性，译者失误在所难免。在理论上运用奈达的功能对等理论分析译文，在语言层次上主要分析了译者对词汇、句法及风格的处理。

唐文路（2012）的学位论文《被操控的主体：以理雅各译介〈孟子〉为例》首先回顾了中西方翻译中有关译者地位及其主体性的研究理论，简单说明了翻译界对译者主体性认识的转变，然后将翻译中译者主体性给出了一个哲学定义，之后结合理雅各的《孟子》译本说明译者主体性在翻译中的具体意义和作用。最后在重写理论基础下分别从意识形态、诗学特征和赞助人因素这三个方面探讨对译者及译文产生的影响。总结中指明，译者在实际翻译活动中客观存在译者的主观能动性，既是主动的，又是受动的。作为一名合格的译者，应该灵活掌握翻译方法，采取合理的翻译策略和手段，在译文和原文之中寻求一种平衡。

朱冬梅（2012）的学位论文《评价理论视角下〈孟子·尽心下〉研究》以评价理论为依据，运用评价理论团结更多的读者到所提倡的社会价值的团体中，扩大孟子及其弟子的仁政价值观的说服力，从而验证评价理论的可行性，同时也弘扬了中国传统文化及价值观。

高敏霞（2013）的学位论文《理雅各（Legge）英译〈孟子〉研究》分析了理雅各对《孟子》相关文献考证、注解者的认识及思想的把握等三个层面，提出我们需要客观、科学地认识本民族文化，合理反思本民族文化，正确看待本民族文化。理雅各对《孟子》的研究正是跨文化研究的中西方文化的交流和发展。在分析了西方人的认知和思维方式之后，不仅对本民族文化有了较为深刻的认识，而且能够清楚地认知异于中国传统文化的其他文化的特征，从而启发现代社会文化。

干敏（2014）的学位论文《析〈孟子〉理雅各英译本中的语篇衔接手段》对《孟子》英译本展开研究，分别从语法衔接和人际意义衔接两方面对译本中的衔接手段进行了探讨。正如小说中的隐含读者一样，在翻译活动当中，译文和原文是有衔接的，而这篇文章试图探讨源语和目的语是通过何种方式衔接在一起，从而实现语篇衔接的。文章分析了理雅各在处理原文和译文时对隐含的衔接所采用的方式，实现译文和原文之间的建构和关联。

张娇（2015）的学位论文《话语基调视角下的〈孟子〉英译本比较研究》以话语基调所涉及的参与者作为研究视角，分析讨论了两个译本存在差异的原因。该研究的意义主要表现在以下三个方面：首先，该研究从人际意义着手，侧重研究《孟子》原文及其译文的人际意义，相对拓宽了后来学者的视野角度，打破以往学者经验意义的研究；其次，本研究从话语基调的角度，对译本进行比较研究，分别涉及译本的语言句法层面和文化因素层面，相对全面地为翻译研究开辟了一个新研究思路；最后，本研究对话语基调理论的研究，一方面拓展了系统功能语言学的语境研究理论，另一方面促进了语言学视域下翻译研究的进一步发展。

王美玲（2015）的学位论文《阿瑟·韦利（Arthur Waley）英译〈孟子〉研究》从韦利对《孟子》思想的理解、译本翻译优缺点、比较分析其他英译本以及其译本价值意义与影响等几个方面，对韦利英译《孟子》进行比较分析研究，拓宽了读者对《孟子》一书及译本的认识，从而引起其他学者的关注，发挥了研究价值。

王菁（2016）的学位论文《〈孟子〉英译比较研究——以孟子的经济思想为例》以《孟子》三个英译本（理雅各 1861 年、刘殿爵 1970 年和杨伯峻等 1999 年）为主要研究对象，选取角度较为新颖，从经济角度分析了三个译本，分析了在不同的历史时期和不同的历史背景下会产生不同的经济模式。

季红琴（2016）的学位论文《基于读者接受的〈孟子〉英译与传播研

究》研究重点是基于接受理论，探究《孟子》英译传播的有效范式，总结之前译本成功的经验，从而仔细分析当下和今后应该从何种角度进行中国文化典籍《孟子》的传播。

除了上述学位论文，学术期刊上刊登的与《孟子》英译本研究相关的文章主要有：楚至大（1995）的文章《难能可贵与美中不足——评理雅各两段〈孟子〉的译文》。楚至大认为理雅各错误地翻译了《孟子》中《楚大夫欲子学齐语》以及《揠苗助长》的故事，并指出造成误译的原因是对原文理解欠深入和缺乏背景知识。陈琳琳（2005）的文章《析论理雅各对〈孟子〉中些许成语典故的翻译》认为，理雅各对《孟子》中部分句子的翻译，尤其是对某些成语典故的翻译，可以看出译者在翻译这些词汇时对儒经缺乏正确、深入的理解，不能很好地做到融会贯通，导致部分儒经翻译出现僵硬翻译或错误翻译的情况。任伟（2008）的文章《大中华文库版〈孟子〉文本外注释研究》指出，翻译中语言和非语言的态度问题都很重要，赞助人在“大中华文库”版翻译出版中起到双刃剑的作用，因此，需要重视《孟子》译文注释的翻译。吴志刚（2009）的文章《准确理解原作是典籍英译的关键——理雅各英译〈孟子〉指瑕》以湖南出版社 1992 年出版的理雅各英译“四书”为研究对象，指出理雅各因自身的知识和文化缺陷，未能很好地理解原文，造成了译语与源语存在理解上的差异。因此，呼吁准确理解原文才是典籍英译的重中之重。季红琴（2009）的《〈孟子〉称谓翻译中人际功能的丢失与非等值重构》以“大中华文库”版《孟子》译本为例，指出由于存在文化和语言差异，导致原文未能做到功能对等，丧失了人际功能意义。

（二）中国学者对译者的研究

该类研究主要围绕理雅各展开，着重介绍他的生平事迹，评价他的中国典籍译本，肯定他对中国经典向外传播的贡献与意义，代表性文章和学术论文有：洪涛（2002，2003）的文章《〈孟子〉英译所涉及的字义问题和文化问题》和《〈孟子〉辩辞的英译》、王辉（2003b）的文章《理雅各与〈中国经典〉》、岳峰（2004b）的文章《关于理雅各英译中国古经的研究综述——兼论跨学科研究翻译的必要性》、段怀清（2005）的文章《理雅各〈中国经典〉翻译缘起及体例考略》、何立芳（2008）的文章《理雅各英译中国经典目的与策略研究》、岳峰（2004a）的博士学位论文《架设东西方的桥梁——英国汉学家理雅各研究》、王东波（2008a）的博士学位论文《〈论语〉英译比较研究——以理雅各译本与辜鸿铭译本为案例》。

2002年，洪涛发表文章《〈孟子〉英译所涉及的字义问题和文化问题》。他以理雅各和刘殿爵的译文为研究对象，认为一些不可翻译的文字，在译文中难以找到相对应的词汇进行表达时，应该添加注释或者脚注来进行解释说明，或者可以进行音译来补充原文中丢失的成分。

洪涛（2003）的文章《〈孟子〉辩辞的英译》从对偶、排比、意合现象、重复及譬喻等角度探讨了理雅各和刘殿爵在翻译《孟子》辩辞上的得失，指出在翻译《孟子》辩辞时存在些许问题，而且不应该完全遵照原文，而是采取合理的方法来应对存在的问题。

王辉（2003b）的《理雅各与〈中国经典〉》一文对理雅各的生平作了简介，希望更多人全面了解这位译经大师。同年，王辉（2003a）的另一篇文章《理雅各英译儒经的特色与得失》主要阐释了理雅各译本的特色，总结了这位译经大师翻译译本能够做到译作忠于原作、贴近原文、善为读者考虑，同时也指出理雅各的译本存在着明显的时代局限性。总的来说，分析了理雅各英译儒经的特色和一些得失。

岳峰（2004b）的文章《关于理雅各英译中国古经的研究综述——兼论跨学科研究翻译的必要性》，通过综述国内外各个学者对理雅各译本目前的研究状况，呼吁多数翻译大师及其译本的研究应该借鉴跨学科领域的研究模式，从而产生突破性的研究成果。同年，岳峰（2004c）的《理雅各宗教思想中的中西融合倾向》分析了理雅各对中国文化的诠释和文化评价观，继而显示出中西宗教相互融合的趋势，并探求了这种趋势可能存在的原因，且分析了中西宗教之间的关联对理雅各翻译产生的影响。

段怀清（2005）的文章《理雅各〈中国经典〉翻译缘起及体例考略》指出：对于翻译的内容，涉及翻译来源、翻译方法；对于翻译的功能，涉及一个汉学家进入中国古代经典的翻译途径和跨文化交流方式，体现出跨文化交流的期望和人文关怀。

何立芳（2008）的文章《理雅各英译中国经典目的与策略研究》通过研究理雅各的翻译目的与策略表明，理雅各的翻译思想属于一种后殖民翻译理论，基本上做到了"不背离原作"和"符合译入语习惯"的翻译原则，既能让读者理解原文，又能做到不曲解原文。

王东波（2008c）的《理雅各与中国经典的译介》简要介绍了理雅各的生平，着重分析总结了理雅各翻译中国传统文化的特色，并指出理译本存在行文生硬呆板、误译漏译及语篇衔接等问题。

岳峰（2004a）的《架设东西方的桥梁——英国汉学家理雅各研究》从多个角度、多种方法探讨了理雅各的生平简介、重要学术成果和思想意识等问题。岳峰分析了理雅各早年的生活背景和自身的语言天赋对理雅各中译时的影响。运用跨学科的研究方法，重点论述了理雅各在香港主持英华书院时的哲学理念和哲学宗教观点。文章填补了传教士研究的空白，对中国传统文化走出去也产生了重要影响。同时，文章利用了跨学科研究方法以及翻译在文化传播中的作用，启发了今后学者如何选择研究方法，以及如何准确传达《孟子》这一哲学著作。

王东波（2008a）的学位论文《〈论语〉英译比较研究——以理雅各译本与辜鸿铭译本为案例》对理雅各和辜鸿铭的两个译本进行了系统分析。文章基本上从信、达、雅这三个翻译标准进行了全面系统的比较分析，对两个译本做出了正确、客观的评价，对不同汉语解读版进行了交叉分析和深入研究。他强调典籍翻译是一项复杂的工程，需要充分理解原文及其文化思想内涵和精髓，而且译者需要有严谨的态度，在准确把握原文含义基础上，能够熟练应用目的语语言，理解原文和翻译译文二者缺一不可。

（三）与《孟子》英译本研究相关的专著

目前已出版的学术著作中，与《孟子》英译本研究相关的专著很少，其中最具代表性的是李玉良和罗公利（2009）的《儒家思想在西方的翻译与传播》一书。作者指出该书关注的问题主要集中在两点：一是儒家经典翻译主要是英译的宏、微观状况；二是儒家思想在西方社会的传播状况，以及对西方社会尤其是当今西方社会的影响状况(李玉良和罗公利,2009)。文章选取《大学》《中庸》《论语》《孟子》《荀子》的中国传统经典著作的英译本作为译例，考察分析儒家思想核心概念“仁、义、礼、忠、孝、君子”的含义，对译文中典型字句进行比较分析，探讨儒家思想在西方传播时存在的问题。该书分析了未来儒家思想在西方的翻译和传播策略。该书中的研究思路和研究方法对本书写作具有一定的参考价值。

徐来（2005）的《〈庄子〉英译研究》以1881—2000年100余年的英译《庄子》为研究对象，采用“描述性”方法，以翻译的“文化转向”为视角，研究了中国传统经典著作《庄子》英译版本的历史译文，从文化和文学两个角度探讨了如何英译典籍作品、存在的问题和相关解决方案。虽然未提及与《孟子》相关的内容，但在研究方法和研究视角上不失为一篇很好的参考作品。

2004年，香港中文大学出版社出版了《采掇英华——刘殿爵教授论著中译集》。该书精选了10多篇比较具有影响力的英文论文译为汉语，编为一集，既有学术交流推广的意义，也借以表示对其学术成就的敬意。论文涉及的范围广阔，除了有关经典文本语言的研究，也有关于中国思想源流、中西思想比较、翻译中国经典问题的讨论等篇章。

通过回顾中国学者的《孟子》英译研究现状可以看出，国内学术界的学者多以汉学家理雅各的译本作为研究对象和研究内容，采用纯语言的对比分析研究方法，对比译文风格和译文质量，探讨译文“形”与“神”的得失。少数学者如岳峰强调了跨学科研究方法的运用，以及对《孟子》中文化概念等核心内涵的重视，为本书中研究方法的改进和研究内容的创新提供了借鉴。国内学者大多将理雅各的译本作为语料和研究对象，涵盖的研究面较为广泛，包括其生平事迹、宗教观念、译著特点等各个方面。其余两个译本国内学者研究较少。

二、国外学者对《孟子》英译本的研究

就目前收集到的资料来看，国外学者对《孟子》英译本的研究更为广

泛地包含了译者研究、译本分析、译作评价、《孟子》哲学思想的译介，从比较哲学角度探讨了中西方文化的思想内涵、政治观念、社会思想、伦理道德等概念。其中对本书写作影响较大的文章和著作如下。

1932 年，英国人赖发洛《孟子》英译本出版。在接下来的几年里，学者们对该书的评论陆续在著名的汉学研究期刊上刊登。1933 年，《哲学杂志》（*The Journal of Philosophy*）第 30 卷第 26 期刊登了德效骞（Homer H. Dubs）的《评赖发洛的〈孟子〉英译本》（"Review: *Mencius* by Leonard A. Lyall"）。德效骞认为，赖发洛的《孟子》译本曾经是广为流传的，虽然译本在一定程度上展现了《孟子》原文凝练有序的风格，但未能完全准确达意，例如对于"仁"的翻译，"仁心、仁者爱人、仁政"的思想未能完全传达出来。尽管如此，但是对想要了解孟子的普通读者来说，该书还是非常值得推荐阅读的。

戴闻达（J. J. L. Duyvendak）的《评赖发洛的〈孟子〉英译本》一文，于 1935 年发表于《哲学杂志》第 32 卷第 13 期。在文中，戴闻达直言不讳地表示：理雅各译文有着一定程度的生硬晦涩之弊，而且有的段落长篇累牍地进行内涵解释，冗长得令人失去阅读兴趣。戴闻达指出，赖发洛有针对性地考察理雅各《孟子》译本的不足之处，在基于规避前人短处、弥补前人缺陷的自觉思考下，做出创造性的新尝试，摒弃了理雅各译本对儒学内涵知无不言、详尽解读的繁复文风，改以通俗而简洁的英语语体来陈述《孟子》的儒学精神内涵。戴闻达认为，这一改变使得普通读者也被充分调动起了阅读兴趣，因此在译本传播方面在当时取得了显著成效。同时，他也指出，赖发洛对当时学术界的研究成果并不十分关注，所以学术性不足这个缺陷在译本中也明显地表现了出来。

韦利的《孟子札记》于 1949 年发表于《泰东》（*Asia Major*）期刊，它以读书笔记的形式，对当时流行的理雅各《孟子》英译本内容进行了系统化勘误与校正，详细地列举出 104 条翻译错误或理解失当之处。这篇理据翔实的读书札记，在相当一段时间内，都对西方汉学家研究《孟子》在英语世界的传播情况与接受程度有着重要的文本研究价值和学术史意义。因此，1960 年香港大学出版社再版《中国经典》时，特地将《孟子札记》

一文增收其中，刊行于世。

1953 年，卜弼德（Peter A. Boodberg）的《一些儒学核心概念的语义学研究》（“The Semasiology of Some Primary Confucian Concepts”）发表在《东西方哲学》（*Philosophy East and West*）第 2 卷第 4 期上。他从语义学的角度出发，系统全面地分析了儒家的核心概念“君子、德、道、礼、仁、义”，总结前期学者的翻译方法及其存在的问题，提出一种新的翻译方法，即通过创造新词来解释独特词汇的含义。

1972 年，厄尔·科尔曼（Earle J. Coleman）的《评刘殿爵的〈孟子〉英译本》（“Review: *Mencius* by D. C. Lau”）发表在《东西方哲学》第 22 卷第 1 期上。通过对比理雅各和刘殿爵的译文，科尔曼指出，理译本出现的时间较早，译文存在过时僵硬的痕迹，但是刘殿爵的译文能够被广大读者熟知的原因在于其译文考虑了普通受众，能够巧妙转变译文风格，让广大受众读懂看懂，且文章排版巧妙、策略选择适当。

1973 年，《通报》（*T'oung Pao*）上刊登了琼克尔（D. R. Jonker）的《评刘殿爵的〈孟子〉英译本》。《通报》是国际性权威汉学期刊之一，能及时报道全世界最新期刊的信息，以及对重要作品进行官方、权威的书评。琼克尔指出，刘殿爵的英译本严谨、细致、准确、统一，整篇文章布局合理，内容简洁易懂，能够满足当今学者的研究需求，也能够使普通大众理解吸收。

1980 年，倪德卫（D. S. Nivison）在《东西方哲学》第 30 卷第 1 期上发表《〈孟子〉翻译研究》（“On Translating *Mencius*”）一文。倪德卫是第二次世界大战以后美国哲学界一位很重要的汉学家及哲学家。在文章中，倪德卫首先简要介绍了译者理雅各、顾赛芬（Couvreur Seraphin）、卫礼贤、傅兰雅（John Fryer）、翟林奈、詹姆斯·威尔逊（James Wilson）、杜百胜（W. A. C. H. Dobson）、翟楚（Ch'u Chai）、刘殿爵各自的文化背景，接着介绍了他们的《孟子》译本的排版，最后在忠实原文的基础上探讨了译文的实际效果。

1993 年，爱德华（E. Edwards）的《评赖发洛的〈孟子〉英译本》发表在《东方研究学院学报》（*Bulletin of the School of Oriental Studies*）上。

爱德华认为，早期的《孟子》译本多关注汉学家们的需要，而赖发洛的英译本更能引起公众的兴趣。对于普通读者来说，赖发洛的译文可读性更强。但是，赖发洛使用一个相同的英语词语来传达中国典籍中文化负载词的深刻内涵和思想，很难实现准确传达中国文化特有词翻译的意图。

1996 年，江苏人民出版社出版了郝大维和安乐哲的《孔子哲学思微》一书。该书由蒋弋为、李志林翻译成中文。尽管这部书以孔子为研究对象，但无疑其研究方法和研究角度值得借鉴。通过比较哲学，比较了中西人格论、西方传统思想和孔子的思想、中西思维定式等差异，从而推介中国哲学思想。

2002 年，夏威夷大学出版社出版了陈金樑（Alan K. L. Chan）主编的《孟子：背景及解释》（*Mencius: Contexts and Interpretations*）。该论文集收录了包括信广来（Kwong-loi Shun）、倪德卫、安乐哲等数位儒学家的文章，集中阐释了孟子的王道思想、仁政、性善论，在美国汉学研究及其东方期刊中发挥着不可替代的作用。当时，《亚洲研究期刊》《中国宗教》《国际中国评论》都发表了书评介绍，可见这本论文集在西方具有较大的影响力量。

倪德卫的《儒家之道：中国哲学之探讨》，由周炽成翻译为中文，在 2006 年由江苏人民出版社出版发行。该论著集合了倪德卫自 20 世纪末至 21 世纪初共计 10 余年间，在中国近代哲学发展史、中国古代哲学理论、中国哲学体系建构等三个重要领域的治学成果，这也是他在中国哲学研究方面的代表作。在书中，倪德卫对《孟子·告子上》中的哲学内涵进行讨论时，对主要的《孟子》英译本系统的翻译质量也进行了评析。这为笔者对理雅各、赖发洛和刘殿爵三人的《孟子》英译本进行翻译策略对比、翻译质量评估时，提供了新的思考维度和重要参考依据。此外，倪德卫讨论儒学术语翻译标准时，采用的一系列既观照哲学内涵准确传递也顾及英语语言文化传统的综合性研究视角和研究方法，还为笔者研究工作的开展提供了有益的借鉴。

此外，根据岳峰的研究，从宗教哲学角度探讨理雅各译本的国外学者的论著还有美国学者费乐仁（Lauren Pfister）的《理雅各：苏格兰式的现实主义与 19 世纪的汉籍西译》（*James Legge, Scottish Realism, and 19th*

Century Chinese Translation）和《理雅各著述研究的新视点（1815—1897）》（*Some New Dimensions in the Study of the Works of James Legge (1815-1897)*）、美国宾夕法尼亚州理海大学的宗教史专家诺曼·吉多特（Norman J. Girardot）的专著《维多利亚时代中国古代经典英译：理雅各的东方朝圣之旅》（*The Victorian's Translation of China: James Legge's Oriental Pilgrimage*）以及美国学者大卫·哈尼（David B. Honey）的《神坛焚香：汉学家先驱与中国经典文献的发展》（*Incense at the Altar: Pioneering Sinologists and the Development of Classical Chinese Philology*）等。

国外学者的研究不仅在研究方法和研究视角上为本书的写作提供借鉴，还有利于笔者较快了解并研究国外关于孟子的最新成果以及《孟子》英译本在西方社会的影响力。能够看出的是，他们在传播中国典籍文化时，对中国孟子思想的哲学内涵有进行西化的痕迹。

第四章

“四书”英译本汉英平行语料库的创建

儒学典籍作为中国传统文化的有机组成部分，在域外的传播历史悠久。作为儒家经典，“四书”不仅保存了儒家先哲的思想和智慧，也体现出早期儒学形成的嬗变轨迹。早在 1593 年，利玛窦最先将“四书”译成拉丁文，至今已经历五个多世纪。此后，大批西方汉学家和中国学者先后加入译书行列，使翻译主体呈现多元化特征。由于不同时代、不同文化、不同身份的译者在同一个文本中可能会发现不同的意义，译本也就呈现出多样化的特点。

翻译是一种有文本参照的语言交际活动，“文本”是语言的载体，并构成了翻译研究的先决条件。翻译质量评估是根据一定的翻译目标和翻译理念，在充分占有信息资料的基础上，运用定性与定量分析相结合的科学方法，对翻译活动、翻译过程以及翻译结果与效果进行价值判断的过程（武光军，2007）。

目前西方主要存在两大类翻译质量评估模式：原则参照模式与参数参照模式。原则参照模式可以细分为反应原则参照（Nida，1964；Carroll，1966）、语篇类型原则参照（Reiss，2000）和功能原则参照（House，1997，2001；Nord，1991，1992；Brunette，2000）等模式。这类翻译质量评估模式的特点是，只在翻译质量评估的宏观层面上制定纲领性原则，没有具体的评估指标，以定性研究为主要特点。

国内对翻译质量评估这一课题也进行了许多研究，其中最早研究翻译质量评估的是吴新祥和李宏安（1984），他们认为评价译文的基础标准是等值。范守义（1987）以模糊数学作为基本视角，引入隶属度的概念，在此概念下对译文进行定量分析；辜正坤（1989）等学者运用最佳近似值进行翻译评价；侯国金（2005a，2005b）从语用学的视角研究翻译，从而提出了翻译过程中能够用语用标记这一等效翻译原则来解释翻译现象，运用量化标准来对译文进行质量评估；司显柱（2004）则从功能语言学视角来评估翻译模式；何三宁（2008，2010）则运用关联理论建构翻译评估模式等。但在国内目前还少有明确提出基于语料库的翻译质量评价研究。

国内目前与基于语料库的翻译质量评价相关的研究有：秦洪武（2010）、秦洪武和王克非（2013）对英汉多译本翻译语料库（其中包含源语文本子库、名译子库和对比译本子库三个子库）进行研究，发现"结构容量"对译本流畅度和语言使用准确性都有影响；刘泽权（2010）利用已建成的《红楼梦》中英文语料库对《红楼梦》若干英译本中不同的侧面进行对比研究；胡开宝（2015）依据已建成的莎士比亚戏剧英汉平行语料库对莎翁戏剧不同译本的翻译进行了探讨。基于语料库的翻译研究不仅可以验证翻译语言共性的存在，探讨具体翻译行为的认知机制，而且可以研究语言接触所导致的语言变化。翻译学可以从跨学科的角度来研究翻译特性，研究存在不同翻译语言特征和翻译风格的原因。

第一节　"四书"英译本的选择

"四书"英译本语料库分为《大学》《中庸》《孟子》《论语》四个子语料库。"四书"英译本汉英平行语料库在广泛收集"四书"各种英译本的前提下，考虑各典籍译本数量不平衡性、译者身份、成书年代、译本流传度等因素，平衡采用相关译本，确保名家经典译本与普通译本在研究采样中的兼顾；同时兼顾母语为英语译者及非英语译者译本的选择和平衡采用。该语料库的建设对中国典籍翻译研究和典籍外介等有重要意义。

"四书"英译本语料库中，有的译本选自"四书"全译本，如理雅各译本；有的译本选自单译本，如陈荣捷翻译的《中庸》、赵甄陶翻译的《孟子》等。语料取样力求代表性和可比性，译本采取整本录入方式，具体数据如表 4.1 所示。《大学》英译本选取了成书于 19 世纪的柯大卫译本和理雅各译本，20 世纪的查尔斯·穆勒（Charles Muller）译本、辜鸿铭译本和 21 世纪的林语堂译本。译者国别不同，有英国译者——柯大卫和理雅各，也有来自美国的译者——穆勒，亦有华人译家——林语堂和辜鸿铭；译者身份不同，有学者也有传教士。

表 4.1 "四书"英译本语料库《大学》子库

译者	翻译/初版时间	国籍	译文出版社/来源	字数/个
柯大卫	1828 年	英国	学者传真出版社（Scholars' Facsimiles & Reprints）	3043
查尔斯·穆勒	1990 年	美国	佛慧双语弘道馆	2527
理雅各	1886 年	英国	南天书局（SMC Publishing Inc.）	3043
林语堂	2009 年	中国	外语教学与研究出版社	4603
辜鸿铭	1915 年	中国	http://thebamboosea.wordpress.com	3608

如表 4.2 所示，《中庸》英译本选取了 19 世纪英国传教士理雅各的译本，20 世纪美国诗人庞德的译本、华人学者辜鸿铭和陈荣捷的译本，以及 21 世纪美国学者安乐哲和郝大维的合译本。

表 4.2 "四书"英译本语料库《中庸》子库

译者	翻译/初版时间	国籍	译文出版社/来源	字数/个
辜鸿铭	1906 年	中国	别发洋行	11 762
陈荣捷	1969 年	中国	普林斯顿大学出版社（Princeton University Press）	7 229
理雅各	1886 年	英国	南天书局	6 856
庞德	1947 年	美国	新方向出版公司（New Directions Publishing Corporation）	6 856
安乐哲和郝大维	2001 年	美国	夏威夷大学出版社（University of Hawai'i Press）	11 780

如表 4.3 所示，《孟子》英译本选取了 19 世纪英国传教士理雅各的译

本、美国学者布卢姆（Irene Bloom）的译本，20世纪译本分别译自杜布森（W. A. C. H. Dobson）、刘殿爵和赵甄陶。其中赵甄陶译本选入“大中华文库”。“大中华文库”（汉英对照）是经新闻出版署批准的列入国家规划的重大出版工程，并得到国家财政的支持。它是我国历史上首次系统全面地向世界推出的中国古籍整理和翻译的重大文化工程，也是弘扬中华民族优秀传统文化的基础工程。主要选收我国历代以来在文化、历史、哲学、经济、军事、科技等各领域最具代表性的百余部经典性著作，由古文译成白话文，再由白话文译成英文。

表 4.3 “四书”英译本语料库《孟子》子库

译者	翻译/初版时间	国籍	译文出版社/来源	字数/个
赵甄陶	1999 年	中国	湖南人民出版社	53 346
刘殿爵	1970 年	中国	理查德·克莱有限公司（Richard Clay Ltd）	68 159
理雅各	1886 年	英国	南天书局	54 504
布卢姆	1893 年	美国	哥伦比亚大学出版社（Columbia University Press）	58 842
杜布森	1963 年	美国	牛津大学出版社（Oxford University Press）	70 368

如表4.4所示，《论语》英译本选取了19世纪英国传教士理雅各的译本、华人学者辜鸿铭译本，20世纪美国诗人庞德译本、华人学者黄继忠译本，以及21世纪中国学者许渊冲译本。许渊冲先生作为著名翻译大家，深谙中国传统文化，在准确传达文本意思的基础上，重视读者的反应。其在翻译《论语》时，查阅了大量典籍，对孔子及其思想进行了详尽的考证和研究。这些扎实的翻译准备体现在译本的前言、译注以及注释和评论中。除此之外，许渊冲译本还注重译文的美学效果，力求做到“音美”“形美”“意美”三者的统一。

表 4.4 “四书”英译本语料库《论语》子库

译者	翻译/初版时间	国籍	译文出版社/来源	字数/个
辜鸿铭	1898 年	中国	别发洋行	34 769
黄继忠	1997 年	中国	牛津大学出版社	43 671

续表

译者	翻译/初版时间	国籍	译文出版社/来源	字数/个
许渊冲	2012 年	中国	中华书局	22 903
庞德	1933 年	美国	欧文出版社（Press Owen Limited）	25 366
理雅各	1886 年	英国	南天书局	29 169

第二节 “四书”语料的处理

一般而言，汉英平行语料库的创建步骤主要为：①中英文语料的选择与输入；②语料的预处理；③语料的标注和分词；④语料的平行对齐；⑤语料库出版；⑥语料库网上检索（胡开宝，2015）。本节主要探讨“‘四书’汉英平行语料库”建设过程中，“中英文语料的选择与输入”和“语料的预处理”这两个环节。

一、中英文语料的选择与输入

上一节选择了“四书”汉英平行语料库中的英语译本，即语料库的英文语料。“四书”汉语原文选取南宋著名理学家朱熹的“四书”集注。朱熹挑选《礼记》中的《中庸》《大学》两篇文章单独成书，与记录孔子言行的《论语》、记录孟子言行的《孟子》合为“四书”。

确定“四书”汉英平行语料库的中英文版本后，开始语料的输入工作。“四书”中文版本和几个英译译本，如辜鸿铭译本，可以从网上直接下载，转化为文本文档格式存储。有的译本虽然可以从网上下载，如理雅各版本，但只有 pdf 格式，需要借助软件 ABBYY FineReader 进行文字识别和转码，再以文本文档格式存储。有的译本因为出版年代久远，没有电子版本，需要把纸质书扫描为电子版本后，再进行文字识别和转码工作。经过 ABBYY FineReader 文字识别后的文档，存在一定的错误。为保证语料的质量，转码后的文本都进行了人工校对，主要检查是否有乱码、拼写错误等现象，以保证文本的纯净度。

二、语料的预处理

语料的预处理主要包括对语料进行降噪处理、统一语料格式和分存中英文语料。直接从网上下载的“四书”译本语料格式混乱，往往有多余的空格、空行、断行以及多余的语言符号和图形乱码。这些噪音严重影响了语料库的准确度。借助文本处理工具和人工校对，统一对语料进行了降噪处理，清除乱码和多余空格、空行等，保证语料的准确度。

“四书”英译本译者国别不同，成书年代有别，出版社不一，造成译本文本格式缺乏统一性。译本的文内注释也格式不一。有的译本采用了文本当页脚注的形式，有的采用了文本文后注释的形式。这些注释统一作为副文本的主要内容，单独存档。

语料预处理之后，我们将“四书”译本的中英文语料分存。分存的每个文件均以英文命名，以便于文件的查询和加载。文件命名时，注明译本名称和语言载体信息，英文语料还需标明译者的姓名，如《孟子》汉语语料的文件命名为 Meng Zi_cn.txt，英文语料文件命名为 Meng Zi_en_zhao.txt、Meng Zi_en_liu.txt、Meng Zi_en_Legge.txt、Meng Zi_en_Bloom.txt、Meng Zi_en_Dobson.txt。文件名中，cn 意为“汉语”，en 意为“英语”。Zhao、Liu、Legge、Bloom 和 Dobson 分别表示英语语料的译者为赵甄陶、刘殿爵、理雅各、布卢姆和杜布森。

第三节 “四书”汉英平行语料库

“四书”汉英平行语料库选用 ParaConc 对中英文语料进行平行处理，然后借助语料库分析软件 WordSmith Tools 6.0 进行语料处理。在进行语料库段落对齐之前，首先把源语文本和目标语文本分批导入 ParaConc，然后再实现中英文语料的段落对齐，即一个汉语源语文本和多个英语译语文本的段落对齐。段落对齐后，进一步实现英汉语料句级层面的对齐。

运用 ParaConc 实现段落对齐时，先将 align format（对齐格式）设定为 start/stop tags（标记对齐）。ParaConc 内设 start/stop tags 和 delimited segment（定界符对齐）。前者支持句与句之间的对齐，后者支持段落之间的对齐。在本语料库对齐工作中，文本对齐的格式设定为 start/stop tags。ParaConc 对加载语料自动段落对齐。段落对齐之后，选中语料中的 split segment（分割对齐单位）或 merge with next/previous segment（向下或向上合并对齐单位），对汉英译本段落对齐后的文本进行拆分或合并处理，通过手动对齐的方式实现汉英译本的句级层面的对齐。

“四书”汉英译本语料对齐不同于其他的译本句段对齐，因为“四书”译本语料库还涉及文言文与英文的对齐，这就需要在透彻理解汉语原文的基础上，在对应的句段层级做出选择，大大加大了工作的难度。

语料赋码及标注是语料库研究中的关键步骤之一。基于语料库的“四书”英译本研究中，重点之一是分析“四书”中文化负载词的译介状况。鉴于同一文化负载词大多有多种英文译词，我们将同一文化负载词的不同形式统一赋码。为实现统一赋码，我们创建了“四书”汉英双语术语库。每条术语包括汉语、汉语拼音、英语译文。如“仁”的相关英文表达形式 virtue(s)、virtuous、benevolence、benevolent、humane(ness)，统一编码为 RENH。为了方便从语料库中提取文化负载词，我们编写了赋码程序对文本中出现的文化负载词进行标注。这样有助于提取各个文化负载词的频率信息，为后续研究奠定良好的基础。

“四书”多译本汉英平行语料库的建立，为翻译教学的开展提供了更多的可能性，也为翻译教学提供了多样化资料，使得翻译教学模式与水平逐渐提高。“四书”术语库的创建，为双语词典编纂、机器翻译的词库建设提供了丰富资料。

第五章

“四书”文化负载词英译研究

儒家思想内容丰富，体现其核心思想的概念词为“仁、义、礼、智、信、恕、忠、孝、悌”等条目，其中“仁、义、礼、智、信”即“五常”，贯穿于中华文明纲常伦理的发展中，成为中国儒学文化价值体系中最核心的特征。本研究通过检索儒学文化负载词（仁、义、礼、智、信、忠、孝、君子、天、命）在“四书”英译本中的不同表达，分析不同译者的翻译策略（表 5.1）。

表 5.1　儒学文化负载词

中文	英译
仁	virtue(s)、virtuous、benevolence、benevolent、humane(ness)
义	righteousness、righteous、justice、rightness
礼	propriety、ceremony、ritual、rites、proper、manners、ceremony、observing ritual propriety
智	wise、wisdom
信	truthful(ness)、honest(y)、sincere、sincerity
忠	faithful(ness)、loyal(ty)、loyally
孝	filial、good son、treatment of parents、obedient、dutiful、behave well、filial piety、filial conduct
君子	Gentleman、Junzi、chvn tzu、exemplary person、authoritative person、superior man、virtuous man、benevolent person、benevolent man、man of virtue
天	Heaven、God
命	fate、lot、circumstance

关于“四书”即《论语》《孟子》《大学》《中庸》中文化负载词翻译的分析也是“四书”英译研究的一个角度。文化负载词承载了中国传统文化，能否准确译出对中国传统文化的传承具有重要意义，海外读者对中国哲学理念的把握也是非常重要的。其核心概念传播对海外读者准确理解至关重要，因此，文化负载词也是学者研究的重点。

黄伟（2004）探讨了《论语》中如何翻译“君子”“小人”，这两个词之间的差异在于地位出身、政治立场、经济价值观、道德伦理观念、雄心抱负等。所以，很难找到一个合适的词来准确地传达这两个核心术语的翻译。作为译者，应根据在文中语境中的具体含义来进行灵活处理，选择合适的译文。

包通法（2007）则对《论语》中“仁”这一核心哲学术语的英译进行分析，提出选择任何一个英文词汇，如 benevolence、humanity、love 都无法表现出其在儒家思想中的真正含义，无法将传统文化真正传达出去，总是缺失了一部分含义，所以，他认为汉英翻译时，应该将“仁”译为 Rennism，这样才能让国外读者真正体会到异质文化的真正内涵，让国外读者体会中国独有的儒家思想、哲学内涵和人格美学，从而触发儒家思想的真谛。

史华兹的《古代中国的思想世界》（2004）一书论述了《论语》中的“通见”构成。该书认为，虽然《论语》的各条语录之间粗看上去缺乏逻辑连贯性，但其中的话题主旨则往往是蕴含统一性的，其统一于对现实生活中各种现象与理念的解析化和系统性思考。所以，《论语》实际保持了各个概念之间的相关性和完整性，确实存在现实生活中关联性的视角，史华兹将其称为通见（曹威，2010）。在“通见”阐释的基础上，史华兹立足于翻译的诠释学伦理，枚举不同时期的知名学者和知名儒学典籍译本对孔子本人和先秦儒家的“礼”“仁”观念、自我认知的不同理解与具体阐释，并详细阐释了自己对儒家核心概念词的理解。

李玉良和罗公利（2009）探讨了《中庸》中的核心概念词如“诚”“性”等词的翻译，并提出了他们的译法。该书重点分析了儒家文化等经典中国哲学思想在外国的翻译状况，研究了中国传统哲学观念的传播状况，以及其对西方文化的影响作用。同时，该书比较研究了《论语》《中庸》《孟子》等哲学典籍英译本，探讨了其中的一些问题，分析了每一种译法的优缺点。此外，该书大体介绍了儒家哲学典籍及其文化思想在西方的传播进程及影响，并对成功传播儒家文化提出了建设性意见和建议。

第一节　儒学文化负载词差异化翻译

一、儒学文化负载词的译法

本书基于“四书”英译本语料库，统计了核心术语名词的相关译法，具体统计见表 5.2。

表 5.2　儒学文化负载词翻译

术语	英译	英文含义	中文含义	原文	相关译法
天	Heaven/God/Empire/government of Empire/world/religions	耶稣基督传统中超验的造物主形象	“天”是生生不息的自然万物的总和和根源/无法猜透与控制的意象/自知就是知天	子曰：“天何言哉？四时行焉，百物生焉，天何言哉？”“天之将丧斯文也，后死者不得与于斯文也。”（《论语·阳货》）	If tian (天) is going to destroy this culture, those who follow us will not be able to participate in it (Ames, 1998: 127).
命	fate/lot/circumstance	一种人类无法抗拒的超验力量	“命”是“旧”与“令”的合成。“命”还通“名”	“命者，人所察受，若贵贱夭寿之属是也。”（《论语·先进》）	安乐哲在《论语》中将其译为 lot（命运、遭际）或 circumstance（环境）
孝	filial piety	对上帝的绝对顺从	家庭伦理观念	《论语·为政》中孔子认为“孝”就是“生，事之以礼；死，葬之以礼，祭之以礼”	filial conduct
义	righteousness	是“按照上帝的意志行动”	忠义，义气	子曰：“君子喻于义，小人喻于利。”（《论语·里仁》）	“义”译作 appropriateness

续表

术语	英译	英文含义	中文含义	原文	相关译法
礼	ritual/rite/manners/ceremony/observing ritual propriety	仪式，礼仪，礼貌	通“履”，有“执行、履行”意，从字的构造来看，含有“示”旁，表示“献祭”	《论语·季氏》中有“不学礼，无以立”	安乐哲译成 observing ritual propriety 动名词结构，较好地体现了该词的上述意义
信	trustworthy/making good on/living up to one's word	可信的、值得信赖的	侧重对某人结果性的、单向性评价	“为人谋而不忠乎？与朋友交而不信乎？”“信近于义，言可复也。”（《论语·学而》）“人而无信，不可其知也。”（《论语·为政》）	安乐哲译为 making good on/living up to one's word（杜维明，2013：81）
智	knowledge/wisdom/to know/to realize/realizing	“知识”到“智慧”	侧重于智力	“视其所以，观其所由，察其所安”（《论语·为政》）	安乐哲用 to realize/realizing
道	Way/the rules of art	道路	道理；道德；道路	子曰：“君子务本，本立而道生。”（《论语·学而》）	It is upon the trunk that a gentleman works. When that is firmly set up, the Way grows(韦利, 1999: 3)

二、文化负载词“天”的翻译

“天”的含义较丰富，大致分为两种：一种是“具体”意义，如“天下大事”“天下邦土”等等；而另一种则是“抽象”意义，指的是一种无法猜透与控制的意象，如“天命”“老天爷”等等。有关“天”的具体意义的翻译，示例如下：

（1）或问禘之说。子曰：“不知也。知其说者之于天下也，其如示诸斯乎！”指其掌。

（辜鸿铭，2011：48）

其中对于“知其说者之于天下也，其如示诸斯乎！”的“天”理解，我们认为指的是“天下大事”。辜鸿铭版本的翻译为：

..."One who understands its significance will find it as easy to rule the world as to look at this—thus:" pointing to the palm of his hand.

（辜鸿铭，2011：17）

而韦利的译本用 Heaven 来翻译“天”。

（2）子曰：“泰伯，其可谓至德也已矣。三以天下让，民无得而称焉。”

（辜鸿铭，2011：184）

其中“三以天下让”是指泰伯屡次地将天下让给季历。韦利翻译为：

No less than three times he renounced the sovereignty of all things under Heaven...

（韦利，2008：79）

而辜鸿铭翻译为：

He three times refused the government of the Empire...

（辜鸿铭，2011：59）

从以上两个例子不难看出，在翻译这种“具体”意义的“天”时，辜鸿铭采取一种释义的方法来翻译“天”，将“天”的意义明晰化，采用短语或小句进行解释性翻译，并且会根据语境的不同，结合自己的文化功底与语言功底将“天”翻译出来，使西方人能够理解这些基本意思。

“抽象”意义“天”的翻译，例如：

（3）子曰：“吾十有五而志于学……五十而知天命……”

（辜鸿铭，2011：20）

对于“天命”二字，辜鸿铭翻译为“...the truth in religion...”（辜鸿铭，2011：34），而韦利则直接翻译为“...the biddings of Heaven”（韦利，2008：11）。

《论语》中文化负载词“天”大多具有抽象意义。在处理该词汇时，辜鸿铭有时会采用具体化策略进行翻译，以便帮助读者理解；有时则根据具体语境来翻译，将“天”翻译为 Heaven、God、Empire、government of Empire、world、religions。

反观韦利的译本，在处理“天”这个文化负载词时，大多直译为 Heaven，采用模糊方法进行处理。相比于韦利的简单化处理，辜鸿铭的翻译则显得用心精细。不仅如此，辜鸿铭的释义所用的词语恰到好处，他不仅对中文理解得到位，而且能够通过释义以及功能对等的方法使西方人更加容易理解原文的意义与精髓之处。

三、文化负载词“道”的翻译

“道”本身含义丰富，所以“道”的翻译需要根据不同语境进行差异化处理，如韦译本大多选用 Way 一词进行对译，特别之处在于该英语译词首字母大写，相对于韦利略显粗略的翻译，辜鸿铭的处理显得很用心。例如：

（4）有子曰：“其为人也孝弟，而好犯上者，鲜矣；不好犯上，而好作乱者，未之有也。君子务本，**本立而道生**。孝弟也者，其为仁之本与！”

（辜鸿铭，2011：4）

It is upon the trunk that a gentleman works. When that is firmly set up, **the Way grows**...

（韦利，2008：3）

A wise man devotes his attention to what is essential in the foundation of life. When the foundation is laid, **wisdom will come**...

（辜鸿铭，2011：2）

（5）有子曰：“礼之用，和为贵。**先王之道**，斯为美，小大由之。有所不行，知和而和，不以礼节之，亦不可行也。”

（辜鸿铭，2011：8）

...The **Way** of the Former Kings from this got its beauty.

（韦利，2008：7）

According to **the rules of art** held by the ancient kings it was this quality in a work of art which [that] constituted its excellence...

（辜鸿铭，2011：5）

（6）仪封人请见，曰：“君子之至于斯也，吾未尝不得见也。”从者见之。出曰：“二三子何患于丧乎？**天下之无道也久矣**，天将以夫子为木铎。”

（辜鸿铭，2011：54）

...**It is now a very long while since the Way prevailed in the world.** I feel sure that Heaven intends to use your Master as a wooden bell.

（韦利，2008：29）

...The world has long been without **the order and justice of good government**...

（辜鸿铭，2011：22）

（7）子贡曰：“夫子之文章，可得而闻也；夫子之言性与**天道**，不可得而闻也。”

（辜鸿铭，2011：98）

...but about Man's nature and the **ways of Heaven** he will not tell us anything at all.

（韦利，2008：45）

...you will never hear him speak on the subjects of metaphysics or **theology**.

（辜鸿铭，2011：32）

例（4）～例（7）中“道”的含义因其语境的不同而差异较大。韦译本采用统一化翻译，大多处理为 Way；而辜译本则采取差异化翻译，处理为 wisdom、rules of art、the order and justice of good government、theology。辜鸿铭汉语功底深厚，对中国传统文化了解深刻，采取不同的翻译策略：例（4）中采用的是将抽象具体化的翻译方法，通过明晰策略从而使得句子的意思更加贴切，使西方人更容易理解；例（5）和例（6）也是如此，并且 art 和 government 的翻译瞬间就找到西方人在“先王之道”和“天下无道”上的对等意义，达到效果对等；例（7）中稍显不同的是，辜鸿铭采用了一种文化意象的对等，“天道”是无法捉摸之事，在中国人眼中神秘而又抽象，而西方思想中具有此作用的就是他们眼中的 theology（神学宗教）之类的。

无论翻译“天”还是“道”，这类文化负载词都存在一定的难以逾越的文化差异，因为“天”和“道”所蕴含的文化特征，在西方人眼中难以理解。所以翻译这两个词还是需要采取一些必要策略的，如辜鸿铭采取明晰化和具象化方法处理文化负载词“天”，力争将其不同含义翻译出来，这样使西方人不仅能够明白其意义，还能够感受到该字意义的复杂多变，用这种灵活多变的方法，使得西方人对东方人眼中的“天”有了新的认识。在翻译“道”时，不同的意义也一一被辜鸿铭所展现，贴切又具体，避免了单一化和模糊化处理。

第二节 儒学文化负载词“仁”的翻译

由于先秦时期的儒家论说与典籍书写中蕴含着丰富而深刻的人文社会观照，儒学者们的视野广度和思维深度具有宏大、博通的特征，因此，包括“四书”在内的诸多先秦儒家典籍呈现出融个人道德修养、社会伦理价值、政治思想、哲学理念等多重意涵于一体的特质。这一特质反映到语言层面，就意味着先秦儒家典籍中的很多语汇，根据其出现、使用所依托的具体语境的不同，该语汇的内涵所指和具体语义也会呈现出对应的变化。

在“四书”系统中，作为儒学核心术语词汇而频频出现的“仁”，随着具体语境的转换，其内涵十分丰富：既可以表示一种道德标准，也可以指称一种社会伦理规范，还可以表达一种施政方针以及标示一种哲学理念。同时，“仁”的词义也就随之产生“仁慈”“仁爱”“仁政”“仁义”“仁德”等不同义项。

因此，考察和分析不同译本对“仁”的英译情况，不仅能直观了解不同译者的语用偏好，也能反映不同译者对汉语表意系统的理解程度的差异；还有助于评估不同译者面对不同语境中“仁”的不同语义时，拣选对应英语词汇或合适词组表达具体的人文意涵的翻译策略与翻译能力；更能以“仁”等一系列儒学核心术语的翻译情况为重要研究依据，评估不同译本的翻译质量。

（1）子曰：“知者不惑，**仁**者不忧，勇者不惧。”

许渊冲译：The wise, said the Master, are free from doubt; the **good**, from worry; and the brave, from fear.[①]

辜鸿铭译：Confucius remarked, “Men of intelligence are free from doubts, **moral men** from anxiety, and men of courage from fear.”

理雅各译：The Master said, “The wise are free from perplexities; the **virtuous** from anxiety; and the bold from fear.”

庞德译：He said: The wise are not flustered, the **humane** are not melancholy, the bold are not anxious.

（2）颜渊问**仁**。子曰：“克己复礼为**仁**。一日克己复礼，天下归**仁**焉。为**仁**由己，而由人乎哉？”颜渊曰：“请问其目？”子曰：“非礼勿视，非礼勿听，非礼勿言，非礼勿动。”颜渊曰：“回虽不敏，请事斯语矣。”

许渊冲译：Yan Yuan asked about **benevolence**. The Master said, “A

---

① 本节中，许渊冲译文选自：许渊冲. 2011. 论语：汉英对照. 北京：五洲传播出版社。辜鸿铭译文选自：Ku Hung-Ming. 1898. *The Discourses and Sayings of Confucius*. Shanghai: Kelly and Walsh, Limited。理雅各译文选自：理雅各(James Legge). 1930. 中英对照四书(*The Four Books with English Translation and Notes*). 上海：商务印书馆。庞德译文选自：Ezra Pound. 1933. *Confucian Analects*. London: Peter Owen Limited。

benevolent man will control himself in conformity with the rules of propriety. Once every man can control himself in conformity with the rules of propriety, the world will be in **good order**. **Benevolence** depends on oneself, not on others." Yan Yuan asked about the details. The Master said, "Do not look at anything nor listen to anything nor speak of anything nor do anything against the rules of propriety." Then Yan Yuan said, "Dull as I am, I would put your instruction into practice."

辜鸿铭译：A disciple of Confucius, the favourite Yen Hui, enquired what constituted a **moral life**. Confucius answered, "Renounce yourself and conform to the ideal of decency and good sense."

"If one could only," Confucius went on to say, "live a **moral life**, renouncing himself and conforming to the ideal of decency and good sense for one single day, the world would become **moral**. To be **moral**, a man depends entirely upon himself and not upon others."

理雅各译：1. Yen Yüan asked about **perfect virtue**. The Master said, "To subdue one's self and return to propriety, is **perfect virtue**. If a man can for one day subdue himself and return to propriety, all under heaven will ascribe **perfect virtue** to him. Is the practice of **perfect virtue** from a man himself, or is it from others?"

2. Yen Yüan said, "I beg to ask the steps of that process." The Master replied, "Look not at what is contrary to propriety; listen not to what is contrary to propriety; speak not what is contrary to propriety; make no movement which is contrary to propriety." Yen Yüan then said, "Though I am deficient in intelligence and vigor, I will make it my business to practice this lesson."

庞德译：1. Yen Yuan asked about **full manhood**. He said: Support oneself and return to the rites, that **makes a man**.

[The "support oneself" is fairly literal. It cannot be limited to superficial idea of making a living, but certainly need not be taken ascetically. "Determine the character” might render one side of the phrase.]

If a man can be adequate to himself for one day and return to the rites, the empire would come home to its **manhood**. This business of **manhood** sprouts from oneself, how can it sprout from others?

2. Yen Yuan said: Wish I had the eye to see it, may I ask? If something is contrary to the rites, don’t look at it; don’t listen to it, don’t discuss it, if it is contrary to the rites don’t spend energy on it. Yen Yuan said: I am not clever but I would like to act on that advice.

（3）仲弓问**仁**。子曰：“出门如见大宾，使民如承大祭。己所不欲，勿施于人。在邦无怨，在家无怨。”仲弓曰：“雍虽不敏，请事斯语矣。”

许渊冲译：Zhong Gong asked about **benevolence**. The Master said, “Behave out-of-doors as if you were before a very important person. Serve the people as if you were attending a very important sacrificial service. Do not do to others what you would not have others do to you. Do nothing to bring a complaint against you at home or abroad.” Zhong Gong said, “Dull as I am, I would put your instruction into practice.”

辜鸿铭译：Another disciple of Confucius on another occasion asked what constituted a **moral life**.

Confucius answered, “When going out into the world, behave always as if you were at an audience before the Emperor; in dealing with the people, act as if you were at worship before God. Whatsoever things you do not wish that others should do unto you, do not do unto them. In your public life in the State as well as in your private life in your family, give no one a just cause of complaint against you.”

The disciple then said: “Unworthy and remiss though I am, I shall try to make what you have just said the rule of my life.”

理雅各译：Chung-kung asked about **perfect virtue**. The Master said, “*It is*, when you go abroad, *to behave to every one* as if you were receiving a great guest; to employ the people as if you were assisting at a great sacrifice; not to do to others as you would not wish done to yourself; to have no murmuring against you in the country, and none in the family." Chung-kung said, "Though I am deficient in intelligence and vigor, I will make it my business to practice this lesson."

庞德译：Chung-kung asked about **full manhood**. He said: Out of doors look on men as if you were receiving great guests; put men to work as if you were performing the Great Sacrifice, what you don't want (done to you) don't do to another, settle in a district without fault-finding, take root in the home without fault-finding.

Chung-kung said: I'm not clever, but I'd like to put those words into practice.

（4）司马牛问**仁**。子曰：“**仁**者，其言也讱。”曰：“其言也讱，斯谓之**仁**已乎？”子曰：“为之难，言之得无讱乎？”

许渊冲译：Sima Niu asked about **benevolence**. The Master said, "A **benevolent** man is cautious in speaking." Sima Niu said, "Is it **benevolence** to be cautious only in speaking?" The Master said, "Could a benevolent man not be cautious in speaking when he finds it difficult to put what he says into practice?"

辜鸿铭译：Another disciple asked what constituted a **moral character**.

Confucius answered, "A man of **moral character** is one who is sparing of his words."

"To be sparing of words: does that alone," asked the disciple, "constitute a **moral character**?" "Why," replied Confucius, "When a man feels the difficulty of living a moral life, would he be otherwise than sparing of his words?"

理雅各译：1. Sze-mâ Niû asked about **perfect virtue**.

2. The Master said, "The man of **perfect virtue** is cautious and slow in his speech."

3. "Cautious and slow in his speech!" said Niû; —"is this what is meant by **perfect virtue**?" The Master said, "When a man feels the difficulty of doing,

can he be other than cautious and slow in speaking?”

庞德译: 1. Sze-ma Niu asked about **manhood**. He said: The full man’s words have an edge of definition. [*L. merely*: slow of speech.]

2. (Niu) said: [as *L.*] Cautious and slow of speech, is that a definition of **manhood**? He said: Difficult business to reach one’s verbal manifest in one’s actions unless the words are defined [L.: unless the speech be slow].

通过上述具体例句可以看出四位译者各具风格和特色。理雅各译本更多采取直译的方法。在理雅各的《中国经典》系列英译本中，引人注目的一个方面是他对中华文化和古代哲学理念所进行的大量评论性注释。这类注释在篇幅上不同于二三十个英语单词组成的简洁的条目解释，而是往往因评论性内容的成段增加，内容扩充到两三段，单词数量也多在 300 词以上。这种篇幅上的冗长特征，使其书写的初衷与文化意义不言自明。很明显，理雅各十分重视经典文本的注释环节，他理想中的注释工作要在承担解释原文的功能之外，实现向读者传递译者置身于中西文化交流进程中所产生的思考与评价的传播价值。这就是理雅各的翻译原则，采用直译为主、意译为辅的翻译方法。而且理雅各较好地翻译出了原文的语序和词序。理雅各是一位传教士，这使他的译本带有一种基督教色彩，安乐哲认为，基督传教士按照自己的意愿让中国哲学看起来更像西方基督教文化（胡治洪和丁四新，2006）。因为文化背景的差异，在一些翻译细节上的理解，理雅各也存在着一些错误，比如“何陋之有”中的“陋”，理雅各翻译为 rude，其实并不是粗陋的意思，而是一种不高雅的状态。

对于核心词汇“仁”的翻译，理雅各认为英语单词 benevolence 与“仁”的意义最为近似。比如《论语·学而》篇第一 1.2“孝弟也者，其为仁之本与”，意思为孝敬父母，友爱手足，是仁者的根本。理雅各将“仁”译为 benevolent actions（慈爱的行为），这只是表达了“仁”所涵盖的（诚、敬、忠、恕、孝、慈、爱、温、良、恭、俭、让、义、悌、礼等等）的目的之一。但在具体上下文中使用了 virtue、true virtue、perfect virtues、the good benevolent actions、the excellence 等词汇来对译。据程刚考证，理雅各将“仁”译成 perfect virtue 的义理是宋明理学。《四书集注》上说：“仁者，本心之全德。”“仁”乃全德之名，即一切德行之归依乃至人生的最高精神境界。所以 virtue 更恰当的对应词是“德”，意即具体的美德或优秀的品行。“仁”能通过自律和修身而后天拥有，“德”则可以是上天所赐或与生俱来。每个人都有此潜在的“德”，并能依此成“仁”。

据《牛津简明英语词典》(*Concise Oxford English Dictionary*)，benevolence 的拉丁词根意为 well-wishing，似乎与“忠恕”对应。但是该词主要指人心地善良、乐善好施，并不能准确表达“仁”的真谛，因为孔子的仁学并不强调行善而更多地突出守礼。而且仁学还涉及伦理学、社会学、哲学和美学等更深刻的文化内涵，包括中国传统文化和价值观念的精华，这种博大精深的思想远非 benevolence 或 humanity、virtue 等词可以传达。

庞德对“仁”的理解是 humanity、manhood、man of men、real man、the complete man 等，应该是接受了《礼记·中庸》的说法——“仁者，人也”，强调人的本质和内涵，也就是说，“仁”就是要像人那样去生活，成为一个真正意义上的人。简而言之，“仁”就是人的理想人格化。manhood 主要是指大丈夫气概或男性英雄品德，难免有男权主义之嫌。

作为中国人，辜鸿铭对《论语》的理解和领悟比汉学家、传教士和西方学者更为深刻。他认为“仁”是仁道的意义，是一种至善至美的道德观念，在字面上最接近的英译是 humanity，大胆一些可以译为 love，但在实际翻译中，他并未使用 humanity 来翻译“仁”，而是分别用 a moral life、men of moral character 来翻译。但是，moral 缺少“仁爱”中“爱人”这方面的含义，未能向西方读者精准地传达出“仁”中包含的“爱人”方达“仁”的含义。由此可见，辜鸿铭的翻译对《论语》和孔子文化的传播产生了一定的推动力，但是辜鸿铭力求西化的翻译思维方式，使他在用 a moral life 翻译“仁”字的同时，实际上无形之中更换了“仁”的某些概念，出现释义化和缺失原词某些意义的毛病，丧失了《论语》所具有的自身特色和民族特色。

许渊冲在翻译《论语》时，更好地运用了意译方式，将原文的内涵显现出来。在对“仁”的翻译中，许渊冲根据语境分别采用了 good、virtuous、 man of men、benevolence 等词汇。相对于其他译本，许渊冲对“仁”的翻译更为恰到好处，但是 good 一词可能会引起误导，况且 good 这个词含义太广泛、太抽象，远没有反映出“仁”的本质和深刻内涵，因为孔子的“仁”不仅仅是做个好人那么简单，它是一种为人之道。

第三节　儒学文化负载词“礼”的翻译

在中国古代，“礼”作为典章制度，既代表中国社会政治制度，也是传统道德规范的具体体现。在儒家思想中，“礼”是仅次于“仁”的文化负载词，是“仁”的外在表现。因此“礼”具有丰富的文化内涵，在不同的语境中表达不同的意义。

鉴于“礼”丰富的文化内涵，“礼”的英译词有十几种之多，意义差别也较大。本书统计了“礼”的常见译法，如 rules of ceremony、propriety、ceremonies、ritual usage、rules of propriety、rule 和 ceremony 等译法，具体见表 5.3。

表 5.3　儒学文化负载词“礼”的翻译

英译词	例句	译文
rules of ceremony	仁之于父子也，义之于君臣也，礼之于宾主也，智之于贤者也，圣人之于天道也，命也……（《尽心下·二十四》）	The exercise of love between father and son, the observance of righteousness between sovereign and minister, the rules of ceremony between guest and host, the display of knowledge in recognising the talented, and the fulfilling the heavenly course by the sage…
propriety/ ceremonies	曾子曰：“生，事之以礼；死，葬之以礼，祭之以礼，可谓孝矣。”诸侯之礼，吾未之学也；虽然，吾尝闻之矣。（《滕文公上·二》）	The philosopher Zeng said, “When parents are alive, they should be served according to propriety; when they are dead, they should be buried according to propriety; and they should be sacrificed to according to propriety—this may be called filial piety.” The ceremonies to be observed by the princes I have not learned, but I have heard these points.
ritual usage	孟子曰：“是焉得为大丈夫乎？子未学礼乎？”（《滕文公下·二》）	Mencius said, “How can such men be great men? Have you not read the Ritual Usage?”

续表

英译词	例句	译文
propriety/rules of propriety	1. 阳货欲见孔子而恶无礼。大夫有赐于士，不得受于其家，则往拜其门。（《滕文公下·七》） 2. 王曰：“礼，为旧君有服，何如斯可为服矣？”（《离娄下·三》）	1. Yang Huo wished to get Confucius to go to see him, but disliked doing so by any want of propriety. As it is the rule, therefore, that when a great officer sends a gift to a scholar, if the latter be not at home to receive it, he must go to the officer's to pay his respects. 2. The king said, "According to the rules of propriety, a minister wears mourning when he was left the service of prince. How must a prince behave that his old ministers may thus go into mourning?"
rule	淳于髡曰：“男女授受不亲，礼与？”（《离娄上·十七》）	Chun-Yu Kun said, "Is it the rule that males and females shall not allow their hands to touch in giving or receiving anything?"
thrice-repeated display of consideration	……此之谓三有礼焉……（《离娄下·三》）	This treatment is what is called a "thrice-repeated display of consideration".
propriety	孟子曰：“非礼之礼，非义之义，大人弗为。”（《离娄下·六》）	Mencius said, "Acts of propriety which are not really proper, and acts of righteousness which are not really righteous, the great man does not do."
ceremony	乐其道而忘人之势。王公不致敬尽礼，则不得亟见之。（《尽心上·八》）	They delighted in their own principles, and were oblivious of the power of princes. Therefore, if kings and dukes did not show the utmost respect, and observe all forms of ceremony, they were not permitted to come frequently and visit them.

如表 5.3 所示，不难看出，文化负载词“礼”的英译多遵从“信”的原则，如采用 propriety、ritual、rites 等译“礼”。译者多站在本土文化的立场，选择忽视异域文化中的相异部分，以相同的内涵为切入点，解释目标语言文化。所以文化负载词“礼”的英译，并不是译者自发的无意识过程，而是在文化相通基础上的重建活动，是服务于翻译目的的有意识的操纵。如采用 ceremonies 翻译文化负载词“礼”，ceremonies 一词实质上仅是一种仪式典礼而非伦理制度，因此“礼”包含的礼制的制度性和经国安邦的政治作用被消解掉，所传达出的含义与真实意义相去甚远。

第六章

“四书”译者风格对比研究

译者风格即译者的翻译风格。在某种程度上讲，翻译过程就是对原文进行再创作的过程，译文就是翻译创造的结果。创造这一行为是由译者执行并完成的，简言之，译者是创造过程的主体。在译文的创作过程中，同一译者的不同作品，所体现的译者风格也不一样，所以同一译者的翻译风格也并不是固定不变的，它会随着影响翻译的各种因素的变化而变化，比如文本类型、读者群、意识形态、文化等因素。同样，同一作品不同译者会采用不同的翻译策略和翻译技巧，所以同一作品的不同译文版本所体现的翻译风格也是迥然不同的。

赫尔曼（Hermans，1996：27）曾经指出：“翻译文本中有另一个声音，即译者的声音。”贝克则认为译者风格是指译者运用语言的特点以及与他人不同的语言习惯。因此，同一译者不同作品，译者风格不同；同一作品不同译者，译者风格也不相同。由于译者和文本类型都是变量，所以译者风格也是变量。因此，必须是在同一文本同一译者的前提下，译者风格才具有唯一性。

第一节　译者翻译风格

本节以《大学》为主要研究对象，基于评价理论，分析《大学》的译者风格。《大学》主要讲述修身、齐家、治国之道，具有重要的教育价值。《大学》英译本众多，本节选取了 2011 年出版的穆勒的《大学》译本，从极差系统和介入系统对其进行分析。

一、极差系统在《大学》英译本中的应用

极差系统通过两个度量维度来运作：①语势系统——通过强度或者数量来提升或降低态度资源的评价程度；②聚焦系统——通过典型性和精确度来清晰或模糊范畴界限。

（一）语势系统在《大学》英译本中的应用

本研究用AntConc3.2.4提取了译文中的great（4）、completely（2）、elder（2）、younger（2）、far（2）、high（1）、High（1）。这些词汇都是通过强度来提高或降低态度资源的评价程度的。例如：“如保赤子。”的译文“It is like a mother ***completely*** giving herself to the care of her baby.”和“无情者不得尽其辞。大畏民志。”的译文“Those who lack sincerity should not be allowed to speak on and on. They should also have a ***great*** awe for the will of the people.”中completely和great都加强了语气，加深了程度。又如：“宜兄宜弟。”的译文“He treated his elder brothers right, he treated his ***younger*** brothers right.”中younger降低了语势。

译文中的few（2）、many（1）通过数量来降低态度资源的评价程度。例如：“生之者众，食之者寡。”的译文“When producers are ***many*** and consumers are ***few***.”中many与few在数量上形成强烈的对比，以此来强调“产多耗少”是“粮食富裕”的有效途径。

借助语势分析穆勒的《大学》英译本可以看出，译者在处理译文的语势强弱上与原文保持一致，充分尊重原文。

（二）聚焦系统在《大学》英译本中的应用

笔者用AntConc3.2.4提取了译文中的only（5）、something（4）、bright（2）、clear（2）。这些词汇是利用聚焦系统来锐化或柔化范畴界限的。例如：“大学之道，在明明德”的译文“The way of great learning consists in manifesting one's ***bright*** virtue”中 bright 锐化了 virtue。“生财有大道。”的译文“There is also a ***clear*** Way for the production of wealth.”中的 clear 锐化了 Way。“唯仁人放流之，迸诸四夷，不与同中国。”的译文“***Only*** a man of ren can banish such a minister and send him out to live with the barbarian tribes away from the middle kingdoms.”中的 only 凸显了只有“仁人”才有这种能力将容不得人的人流放到边远的四夷之地去，不让这些小人留在中国。“有所好乐，则不得其正”的译文“when there is ***something*** you desire, you cannot be correct”中 something 起到柔化的作用。该句意思是“表示当人有渴望之物时，就很难做到公正”，something 柔化了“渴望之物”，具体什么是“渴望之物”，因人而异。

通过聚焦分析穆勒的《大学》英译本可以看出，原文含义隐晦的地方，译文同样处理得很隐晦，这也体现出译者在翻译操作过程中，始终以原文为重心的翻译风格。

极差系统的主要功能就是分析语篇中各种“度”的问题。穆勒的《大学》英译本在控制“度”的层面上与原文相当，紧紧围绕原文的“度”来掌控译文的“度”。

二、介入系统在《大学》英译本中的应用

介入系统是借助巴赫金“对话”理论即后来克里斯蒂娃称为“多声”或“互文性”的观点，表明语篇和作者的声音来源的语言资源。任何一个语篇的形成，其基础就是“对话性”，没有能够脱离其他语篇而独立存在的语篇，这就是克里斯蒂娃极力主张的“互文性”。介入可分为自言和借言。自言完全忽视他人的声音，传达主观思想；借言则引入其他话语来源，调节和转嫁自己说话的责任。借言的本质特征即为“对话性”，而自言是一种相对封闭的态度介入方式。借言有两个子系统：对话收缩和对话扩张。对话收缩包括“否定”“宣称”，对话扩张包括“引发”“摘引”。说话者通过语义收缩来肯定自己的观点见解，排斥和自己观点不相容的其他观点；而通过语义的扩张，说话者给其他声音留一定的余地，以便自己的观

点不会受到挑战，拉近同观众的距离。本节主要从介入系统中借言的角度谈穆勒的《大学》英译本。

上文已经分析过极差系统，极差系统在穆勒的《大学》英译本中所占比例最大。因为《大学》这部书本身就是对孔子、曾子的话语进行编辑整理而著成的，所以借言的语言手段几乎充斥着这部书的每个句子。

（一）投射借言在《大学》英译本中的应用

笔者用 AntConc3.2.4 提取了译文中的 says（19）、said（8）、say（1）、speak（1）。这些表示投射借言的词汇充分证明投射借言是此译文组织语篇的重要语言手段。例如：“《太甲》曰：‘顾諟天之明命。’”的译文“The *Taijia* ***says***, ‘He contemplated Heaven’s unveiled mandate.’”中 says 是投射借言的明显标志。作者利用权威书籍中的句子来证明语篇构建者的观点。“《帝典》曰：‘克明峻德。’皆自明也。”的译文“The *Canon of Yao* ***says***, ‘he was able to manifest his lofty virtue.’”中的 says 也是一样的用法。像这样的例子很多，《大学》的前四章全部通过投射借言的语言手段来组织文本，后面的每一章几乎也都采用了投射借言的手段，因此译文中出现大量的投射借言手段恰好验证了译者尊重原文格式的翻译风格。

（二）情态借言在《大学》英译本中的应用

笔者用 AntConc3.2.4 提取了译文中的 will（28）、can（17）、must（8）、cannot（7）、could（4）、would（3）、should（2）。这些词汇均属于情态借言的语言表达手段。例如：“身有所忿懥，则不得其正；有所恐惧，则不得其正；有所好乐，则不得其正；有所忧患，则不得其正。”的译文“When you are angry, you ***cannot*** be correct. When you are frightened, you ***cannot*** be correct; when there is something you desire, you ***cannot*** be correct; when there is something you are anxious about, you ***cannot*** be correct.”中的 cannot 意思为“不能”，使句子成开放状态。除了表面的意思“如果你不……就不能……”还意味着“如果你能……就能……”。这样就使得句子具有“对话性”，这是借言最显著的特征。情态借言表明言

者一方面主张一种观点，另一方面也不排除他人对其所主张观点的支持、援引、排斥或反对，但所触发的声音来源是无定的。此译文中这样的例子不胜枚举，由于篇幅限制，不做过多的举例论证。

英语情态动词用法丰富，可表达众多微妙的含义，汉语情态词汇用法较英语来说相对较少。但汉语是意合语言，很多意思蕴含在字里行间，这时英语需要借助其情态动词来表达汉语隐含的意思。译者采用大量的情态动词，用符合译入语的语言规范来表达原文的隐含意义，这从深层次体现了作者尊重原文的翻译风格。

（三）让步借言在《大学》英译本中的应用

让步之所以是借言，主要因为它在语篇中要求两个命题——前件命题和后件命题。前件命题因让步词语而引导出后件命题，后件命题是前件命题的另一个声音，因而出现对话性。

笔者用 AntConc3.2.4 提取了译文中的 but（8）、yet（3），它们是此译文中让步借言的典型代表词汇。例如：“心不在焉，视而不见，听而不闻，食而不知其味。”的译文“When the mind is not present, we look, ***but*** do not see. We listen, ***but*** do not hear; we eat, ***but*** do not taste our food.”中 but 表示出前后事件呈现一种对话性。前件 we listen 应意味着后件 we hear，但在 but 的作用下后件却成为另一个声音，即另一事件 we can not hear。这就是一种多声对话。“故好而知其恶，恶而知其美者，天下鲜矣。”的译文“Those who love someone and ***yet*** know their bad points, or who hate someone and ***yet*** know their good points, are few and far between.”中 yet 同上文中 but 的功能一样，通过前后事件的矛盾形成对话性。

此处同样体现了汉英两种语言在形式上的差异，而译者采用表让步的英语词汇形象地传达原文的微妙含义。这从深层次体现了译者尊重原文的翻译风格。

介入系统中的借言是此译文组织文本最重要的语言手段，这与原文高频使用借言语言手段的特点保持高度一致。这更验证了作者尊重原文的翻译风格。

第二节　译者翻译风格量化分析

贝克是第一个将语料库应用到翻译研究领域的学者，她建立了世界上第一个翻译英语语料库（Translational English Corpus，TEC）。翻译英语语料库的建成为译者风格特征的量化分析打下了坚实的基础，研究者只要选用合适的语料库检索软件，就可实现对所需语料的量化分析。量化分析的内容包括形符数、类符数、类符/形符比、平均词长、词表及词频、词汇密度、用词偏好、句子个数、平均句长等。其中，形符数、类符数、类符/形符比、平均词长、词表及词频、词汇密度、用词偏好属于词汇特征，句子个数和平均句长属于句法特征。

一、词汇特征

形符数指文本中词汇的总数。类符数指文本中不同词汇的总数。类符/形符比指类符数与形符数之间的比值，超过 1000 词的语料库一般使用标准化类符/形符比，即按一定的长度（通常是 1000 形符）分段计算文本的类符/形符比。类符/形符比决定了文本中词汇的丰富度和用词的变化性，比值越大说明文本中词汇越丰富，用词变化越大；比值越小说明文本中词汇越单一，用词变化越小。类符/形符比可以用 WordSmith Tools 软件分析获得。

平均词长指文本中词汇的平均长度。平均词长可以表明文本的难易度，平均词长越长，表明文本越复杂；平均词长越短，表明文本越简单。词表是语料库检索工具的基本功能之一，按形符重复出现的频率由高到低将单词进行排序；词频指一个单词重复出现的频率。词表和词频可清楚地表明文本中功能词的使用情况，功能词使用的种类越多、频率越高，说明文本信息越明晰化；除此之外，还可以根据词表和词频确定文本用词的难易度和长度。词汇密度指语料库中实词占总词数的比例。词汇密度可以表明文本的信息量和阅读的难易度，译者使用的词汇密度越大，表明文本信息量越大，阅读难度系数越高；译者使用的词汇密度越小，则表明文本信息量越小，阅读难度系数越低。“译者就是作者”，因此译者也应当有自己偏爱的词语和表达方式，即用词偏好。例如：运用 WordSmith Tools 4.0 对《论语》理雅各英译本和刘殿爵英译本进行分析，at the same time、on the other hand、as a matter of fact、in other words、once and for all、that is to say、I thought to myself 这几个短语：在理译本中的数量分别为 21、12、3、1、1、0、0，总计 38，语料大小 29 169；在刘译本中的数量分别为 70、46、39、3、11、4、8，总计 181，语料大小 43 671。通过对比两组数据可以看出，刘殿爵比理雅各更倾向于使用大量英语中熟悉的固定或半固定短语，从而遵循目的语规范，使得译文更加通顺。

二、句法特征

句法特征的量化分析主要涉及句子个数、平均句长。例如，在《诗经》的庞德译本和理雅各译本里，就句子个数、平均句长、句长标准差而言，理译本分别为 1480、14.79、7.42，庞译本分别为 800、15.91、11.19。通过对比两组数据可知，理译本的句子总数远远超过庞译本，其原因在于理雅各从读者角度出发，将原文信息明晰化；而庞德深受意象派的影响，从原作角度出发同时将原作内涵压缩，多处采用选译和漏译的翻译技巧，所以庞译句式长且复杂，富于变化。基于语料库的句法特征研究方法，对不同译文的句式进行分析，定量和定性得出不同译者的不同翻译风格（陈建生和高博，2011）。

三、多译本文本特征分析

运用 R 语言分析技术对不同时期、不同国别的六个《大学》英译本进行数据挖掘，从共同树（consensus tree）、词云分析、高频词语等角度对比分析《大学》译本翻译风格（表 6.1）。

表 6.1　《大学》英译本

作品	译名	译者	翻译/初版时间	类符数/形符数
《大学》	*Ta Heo*	柯大卫	1828 年	926/3160
《大学》	*The Great Learning*	理雅各	1892 年	745/3067
《大学》	*Higher Education*	辜鸿铭	1915 年*	845/3952
《大学》	*Ethics and Politics*	林语堂	1938 年	1023/4592
《大学》	*The Great Digest*	庞德	1945 年	2059/6432
《大学》	*The Great Learning*	穆勒	1990 年	681/2578

* 辜鸿铭于 1915 年翻译了《大学》，但并未出版。

（一）共同树分析

共同树可以直观判断两个或两个以上的树之间的一致性。本研究使用这种计算观察《大学》六个英译本之间可能存在的关系，分析译本之间的关联性，探究译本之间的差异性。在 R 语言下，运行 stylo 程序包。该程序包运用欧式距离（Euclidean distance）衡量多维中各个点之间的绝对距离。将文本数据的计算可视化为图 6.1 的共同树。我们使用该程序运算结果直观呈现《大学》六个英译本之间可能存在的关系。

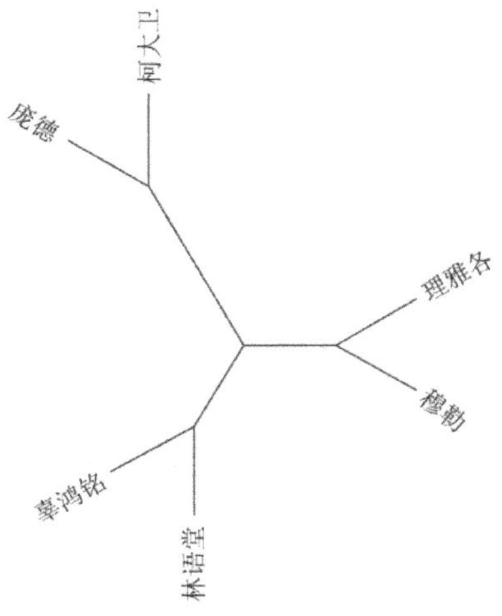

图 6.1　《大学》多译本共同树分析

图 6.1 显示，《大学》这六个译本呈现出两两译者的聚类倾向，即两位译者文本呈现出较强的相似性。尽管有的译本年代跨度较大，如柯大卫译本成书于 1828 年，而庞德①译本完成于 1945 年，但两个译本仍然呈现出相对多的共同特征。同样，1892 年理雅各译本和 1990 年穆勒译本表现出更多相似特征。两位华语译者辜鸿铭和林语堂的译本相似度更高。聚类分析从宏观上区分了六个译本：内容相似度高的译本关联性更大，表现更为趋同；内容相似度低的译本关联性小，差异化显赫。但呈现这种异同的原因和译本之间的相似性及具体差异，如译本之间的用词区别、搭配异同等，还需其他分析手段进一步展开。

（二）《大学》英译本词云可视化研究

词云可视化是依据语料来抽取语料关键词实现的，词频的高低决定关键词字体的显示大小。词频越高，在词云中呈现的字体越大。词云分析可以直观反映不同译本之间用词趋同性和差异性。

根据共同树分析结果，《大学》六个译本分为三组，呈现出两两聚类的倾向。本节进一步分别比较了这三组译本的词云，从中探究译本用词的个体化显赫度和趋同性。

图 6.2 显示，柯大卫译本中 virtue 一词居于中心，people、man 等词出现频率较高且多和 virtue 共现。这反映了柯大卫对《大学》中核心词汇的处理，比如“德”大多对译为 virtue，而“君子”对译为 prince。在柯大卫译本中，says 与 said 两个词语同时出现，区别使用。针对孔子的言语采用 said 一词，而《诗经》《尚书》中的引文使用 says，以突出其准则性、学术性，利用权威书籍中的句子来证明语篇构建者的观点。

庞德英译本中，will、people 等词高频出现，通过检索 will 的共现词，发现在庞德译本中，will 多作为情态标记词出现。例如：

（1）A prince of many talents, who will carry through to the end, who will not go back on his word.

---

① 庞德三次翻译《大学》，本节选择的为 1945 年的第三个版本。

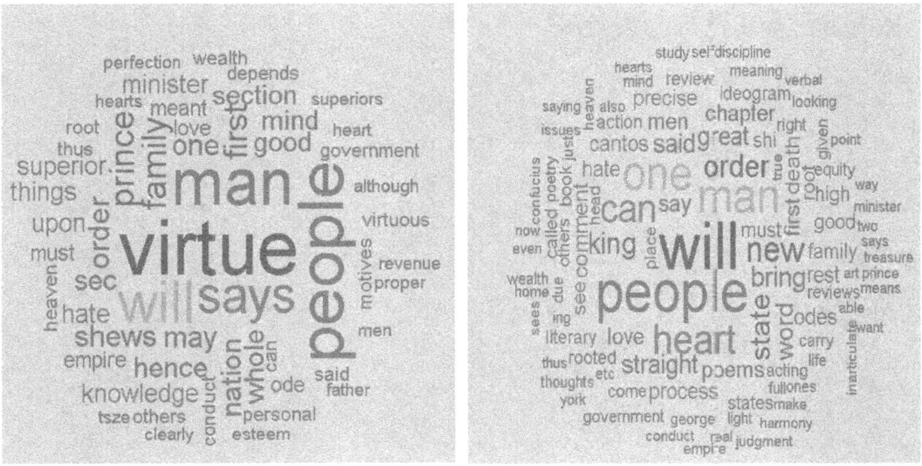

（a）柯大卫译本词云

（b）庞德译本词云

图 6.2 柯大卫与庞德译本词云

例（1）的中文原句出现在《大学·曾传》中，该篇大量引用《诗经》《尚书》及孔子的论述阐述君子在道德、行为上的具体标准。而《大学·曾传》中例（1）的中文原句出自《诗经》“有斐君子，终不可喧兮者”。庞德运用了两个定语从句翻译“终不可喧兮者”。定语从句中情态动词 will 的使用表明“将来”和“非现实”的匹配性（Palmer，2008）。

根据共同树分析结果，辜鸿铭与林语堂文本关联度更大。词云分析结果印证了两个译本间的词汇差异较小。在这两个译本中，people 均位于中心，表明在译本中出现频次高，重要程度高，被显赫地呈现出来（图 6.3）。

表 6.2 进一步对比了辜鸿铭和林语堂译本的高频词汇，发现这两个译本中高频出现的前十个词语中，有三个词语重合，位列辜鸿铭译本前三位，为 will、people、man，分别出现在林译本第七位、第一位和第三位。表 6.2 中高频出现的词汇多为名词、情态动词和表情感态度的形容词。辜鸿铭译本中出现了名词（will、people、man、order、men、nation）、报道动词（says）和形容词（good、love、moral）；林语堂译本中出现了名词（people、life、man、book、will、knowledge）、情态动词（can）和报道动词（said）。通过上述对比，可以发现辜鸿铭译本中表情感态度的形容词出现较为频繁，

而林语堂译本中情态动词较多。

（a）辜鸿铭译本　　　　（b）林语堂译本

图 6.3　辜鸿铭与林语堂译本词云

表 6.2　辜鸿铭和林语堂译本高频词表

序号	辜鸿铭	林语堂	序号	辜鸿铭	林语堂
1	will	people	6	order	book
2	people	life	7	men	will
3	man	man	8	nation	knowledge
4	good	said	9	love	personal
5	says	one	10	moral	can

同为华人译者，辜鸿铭、林语堂的《大学》译本从中国传统文化的视角对儒家思想的义理进行阐发和宣扬。这有别于西方译者翻译《大学》都是从西方文化中心主义视角出发，或是为了宣扬基督教代替儒家思想，或是利用《大学》来解决自身社会的问题。

在理雅各词云中，只有 people 一词居于中心，people 与 kingdom 共现较多。这在一定程度上反映了理雅各翻译的主旨是介绍中国文化和东方哲学，以期让世界上其他国家的人们真正了解这个伟大的帝国。因此，said

一词也频频出现在理雅各译本中，表明其坚信《大学》中所记载的为历史真实（图 6.4）。

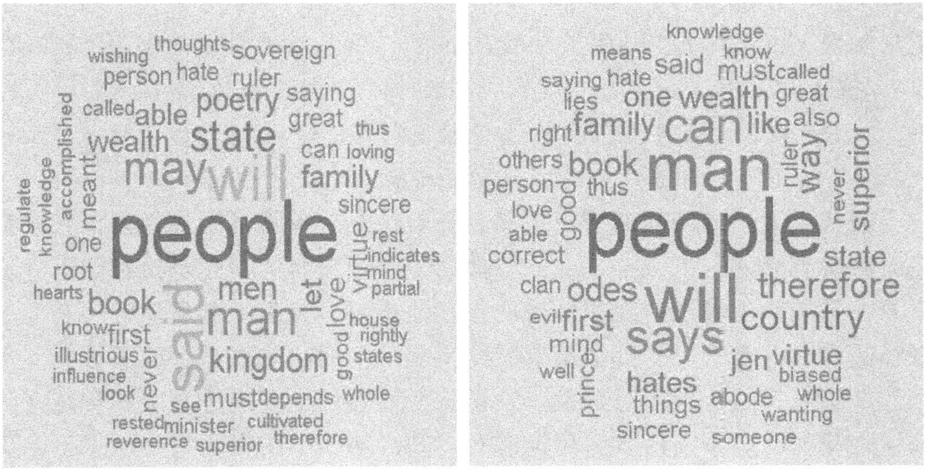

（a）理雅各译本　　（b）穆勒译本

图 6.4　理雅各与穆勒译本词云

理雅各的主要目的是向即将来华的传教士介绍中国文化和东方哲学，以便让他们更加了解中国也更加了解自己。理雅各认为，如果他不能够透彻地掌握中国经典，他也不能胜任他的传教士职业。他的翻译目的是，（有必要）让世界上其他国家的人们真正了解这个伟大的帝国，尤其是为了保证长久的效果，传教士应该具备渊博的知识。他认为孔子的著作全部被翻译并注释将极大地帮助传教士将来的传教工作。

但不可否认的是，理雅各也把翻译儒家经典当作是传教事业的一部分，这既表现在他对《论语》中的一些关键词和核心命题的基督教式的解读，也表现在他对孔子缺乏宗教思想的批评上。

穆勒译本的高频词情况与理雅各译本类似，但对儒学术语的翻译用词更为简约化，并出现了一些新词，有别于其他译本。比如 jen，即仁，是中国文化中独有的概念，涵盖仁慈、仁政、仁爱、仁德等多种意义，在英语中没有一个可以与“仁”完全对等的同义词。针对这种情况，穆勒大胆采用音译法（粤语发音）翻译《大学》中的这一核心词汇，不失为保持“中国化”的一种有效手段。除此之外，穆勒译本词语表中还出现了 odes 这一高频词，居于词云的中心位置，这个词在其他译本中罕见出现。通过检索语料发现，穆勒将《诗经》翻译为 *The Book of Odes*，而其他译本多为 *The Book of Songs* 或 *The Book of Poetry*。穆勒的此种译法与其佛教研究者身份不无关系。他将儒学看成宗教，与佛教、道教居于同等地位。因此，会选择 *The Book of Odes*（《圣经》的另一种表达 *The Christian Book of Odes*）来译《诗经》。

回顾《大学》翻译的历史进程，类似穆勒这种将儒家典籍以宗教视野进行解读翻译的行为，并不稀见。例如，以理雅各的文化身份和话语立场来看，其传教士身份和在华传教的宗教使命感，客观上促使他的《大学》翻译活动必然在一定程度上偏离“纯文化”传播的主航道，从而服务于功利化的施事目的，即通过普及《大学》所涵盖的儒学理论和中国传统文化知识，使即将来华的传教士群体能在“知己知彼”的文化接受状态下，更好地完成传教任务。因此，在将翻译儒家经典视为传教事业一部分的语境下，理雅各也会对《大学》中的一些关键词和核心命题做出基督教视野下的神学解读，从而在一定程度上形成了宗教化的误读，损伤了译本的信度与文化思想。

第三节　译者翻译风格对比

一、理雅各与辜鸿铭翻译风格对比

理雅各和辜鸿铭都是著名的翻译家，在翻译界各有建树。本节通过分析两位大家的《大学》英译本来对比分析其翻译风格。

首先，从译文的格局布置来看，虽然理雅各和辜鸿铭均以朱熹版的《大学》为源文本，但两者在译文布局上略有差异。理雅各译版严格按照朱熹版《大学》的行文顺序来翻译，而辜鸿铭译版在行文顺序上与源文本略有差异。从章数上讲，源文本共十章内容，理雅各译版亦十章内容，而辜鸿铭译版则共九章内容，与理雅各译版相比，排版上少了一章，但内容并没有少。从总纲所处的位置上来讲，源文本中，总纲的所有内容均位于文章的开头，后面紧随着第一章、第二章……第十章，理雅各译版亦是如此。辜鸿铭译版则把总纲的内容分解开来：把“大学之道，在明明德，在亲民……虑而后能得”放在了译文的开头；把“古之欲明明德于天下者……国治而后天下平”放在了第四章的前面；把“物有本末……”和‘自天子以至……未之有也”放在了第四章的开头；把总纲中的最后一句‘此谓知本，此谓知之至也”和源文本中的第五章合并在一起放在了译文中第四章的最后，因为源文本中的第五章内容就是“此谓知本，此谓知之至也”，与总纲最后一句话重合了，所以辜鸿铭将其合并，导致比理雅各译版少了一章。从句子的安排上来讲，辜鸿铭译版每一章的句子都用阿拉伯数字标注，而理雅各并没有标注。除此之外，另一不同之处就是辜鸿铭译版的前三章的每一章在章尾处都做了总结。其实，之所以译文编排格局不一样，是因为译者的出发点不一样。理雅各从严格按照源文本格局布置的角度出发，将译文格局安排得和源文本一模一样，体现了尊重原作、原作第一的概念。辜鸿铭从读者角度出发，为了便于读者理解，将原作顺序适当调整，使译文前后内容衔接更加自然、顺畅，以保证可读性。在此值得一提的是，《大学》总纲内容其实是对后面十章内容的精炼总结，在原作中将其置于开头部位，作为母语是汉语的我们可以很容易地将其贯穿到后面的内容中，做到理解上的层层深入，但对于英语读者来说，像原作这样的格局安排未必是最佳的方式。因此，辜鸿铭对原作的格局安排做了适当的调整，把大纲中的总结内容适当地安排到后面，将其与后面相应的部分结合到一起，紧密联系起来，通过此方法来降低译文的理解难度。这种格局布置的差异性，是译者的出发点、考虑重心不同导致的，同样这也体现了不同的译者风格。

其次，从译文的表达形式上讲，理雅各和辜鸿铭也略有不同。《大学》里多处出现了《诗经》里的句子，这给翻译带来了一定的挑战。面对这一挑战，理雅各多处选择直译甚至逐字翻译的方法，给人一种生搬硬套的感觉，但却在一定程度上保留了原作的文化特征，使译入语读者感觉到强烈的异域风格。同样地，面对这一挑战，辜鸿铭更多采用的是意译的翻译方法，译文虽然在形式上脱离了源语形式，没有做到在词汇、句法上的对等，没有做到表面上的合作，却与原作在语用效果上达到了对等，实现了深层次的合作，此举可谓是巧夺天工。例如：

原文：《诗》云：“桃之夭夭，其叶蓁蓁。之子于归，宜其家人。”

理雅各译：In *the Book of Poetry*, it is said, “That peach tree, so delicate and elegant! How luxuriant is its foliage! This girl is going to her husband's house. She will rightly order her household.”

辜鸿铭译：The *Book of Songs* says:

The peach tree is tender and fair,
With its leaves all in bloom;
The girl is going to her new home,
She will rightly order her household.

通过对比两个译文可以看出，理雅各译版句式安排比较随意，虽然饱含情感却没有体现诗歌的特点；而辜鸿铭译版句式安排比较规整，努力体现诗歌的句式韵律特点，达到与原作形式和功能上的对等。具体体现在以下两点。第一，辜鸿铭译版 bloom 和 home 押尾韵，体现出诗歌押韵的这一特点，使人读起来朗朗上口。第二，辜鸿铭译版按原作语气将译文的每一句也用陈述语气表达，使其与原作在形式上尽量保持一致，而理雅各译版句式语气则比较随意，感叹语气与陈述语气兼有。通过押韵与句式的安排，辜鸿铭努力体现原作的诗歌风采，尽力使自己的译作与原作达到形式与功能的对等，传递原作的精髓。相比之下，这些细微的差异，就暴露出此处译者所做出努力的大小。很明显，在选择最佳译入语表达方式时，辜鸿铭比理雅各付出了更多的努力。作为译者，翻译时你付出的努力越多，译文的水平相应越高，给你带来的积极评价就越多；相反，作为译者，翻译时你付出的努力越少，译文的水平相应越低，给你带来的负面评价就越多。所谓译者风格并不是简简单单地指归化、异化、译者显形或者译者隐形这些翻译策略，也不是指直译、意译、省译、套译、增词、减词、转换等各种翻译技巧，它是译者综合素质的体现，体现在译文中的每一个细节上。译者的耐心、坚持不懈、机智、精雕细琢何尝不是译者的翻译风格呢！下面的例子也可以说明这一点：

原文：《秦誓》曰：“若有一介臣，断断兮，无他技，其心休休焉，其如有容焉。人之有技，若己有之；人之彦圣，其心好之，不啻若自其口出，实能容之；以能保我子孙黎民，尚亦有利哉。人之有技，娼嫉以恶之，人之彦圣而违之，俾不通，实不能容：以不能保我子孙黎民，亦曰殆哉。”

辜鸿铭译：In his speech from the Throne, the Duke of T'sin said: “Let me have as my Minister a plain and simple man who has absolutely no other qualification except a free and open mind and a broad and tolerant spirit; who regards the possession of abilities by others as if he possessed them himself; who shows his broad and tolerant spirit by taking the same delight in the superior intelligence of others as he would were it his own. Such a man will be able to protect our children and grandchildren, the black-haired people. He will benefit us in every way. A man, on the other hand, who, when he sees others possessing abilities, is envious of and hates them; who, when he sees superior intelligence in others, shows his narrow and intolerant spirit by putting difficulties in their way, so that they cannot get known, such a man will not be able to protect our children and grandchildren, the black-haired people. He will in every way be a man dangerous to us all.”

理雅各译：In the Declaration of the duke of Ch'in, it is said, “Let me have but one minister, plain and sincere, not pretending to other abilities, but with a simple, upright, mind; and possessed of generosity, regarding the talents of others as if he himself possessed them, and, where he finds accomplished and perspicacious men, loving them in his heart more than his mouth expresses, and really showing himself able to bear them and employ them: —such a minister will be able to preserve my sons and grandsons and black-haired people, and benefits likewise to the kingdom may well be looked for from him. But if it be his character, when he finds men of ability, to be jealous and hate them; and, when he finds accomplished and perspicacious men, to oppose them and not allow their advancement, showing himself really not able to bear them: —such a minister will not be able to protect my sons and grandsons and black-haired people; and may he not also be pronounced dangerous to the state?"

在《大学》的整篇文章中，此段属于比较难理解的部分。通过比较两个译文，可看出辜鸿铭译版和理雅各译版在翻译此段时使用的篇幅长度不相上下，但辜鸿铭译版所用的句式更为紧凑、简洁、工整，使得整段读起来更通俗易懂。相反，理雅各译版所使用的句式有些松散、冗长，使得整段读起来不免有些累赘感、局促感。所以说，作为一名译者，在选择译入语表达方式时，一定要竭力找到最佳表达方式，使译入语表达方式与源语表达方式形成最佳关联，使原作的文本信息、非文本信息得到最大限度的保留与传递，这也是每位译者的终极追求。而达到这样的终极追求，译者除了需要具备专业知识，还要具有坚持不懈、精雕细琢等专业素养。在此，专业素养是指作为一名译者必须具备的一些品质，诸如多听多读多动脑、耐心耐性耐枯燥。最终这些专业素养会体现在译者的翻译风格中。

再次，从著作名称翻译的角度来看，理雅各和辜鸿铭也大相径庭。总体上来讲，理雅各主要从汉语的角度出发，使译文中带有汉语的特征，这可以说是一种异化翻译策略，使译文含有一定的异质成分，保留源语特色，这也许受理雅各作为汉学家身份的影响。辜鸿铭作为翻译家，主要从读者的角度出发，采用归化翻译策略，将著作的核心内容与用途直接体现在名著名称上，这样的翻译方法拉近了译入语读者与原作之间的距离，通过直白的表达方式降低阅读难度。例如《康诰》《太甲》《帝典》《楚书》，理雅各译版分别是 *The Announcement to Kang*、*The Tai Jia*、*The Canon of the Emperor* (Yao)、*The Book of Chu*，辜鸿铭译版分别是 *The Commission of Investiture to Prince K'ang*、*The Address of the Minister I-Yin to the Emperor T'ai Chia*、*The Memorial Record of the Emperor Yao*、*The History of the Kingdom of C'hu*，对比两个版本可以清楚地看出理雅各和辜鸿铭各自的翻译风格。

最后，从理雅各和辜鸿铭各自的优势出发，分析两位大家的翻译风格。作为学识渊博的中国学者，辜鸿铭的汉语功底相对理雅各占据着绝对优势，也就是说，他对《大学》这本经典名著理解得更为透彻，再加上他精通英语，所以才会在翻译时深入浅出，使得译文通俗易懂。例如：“《诗经》”一词理雅各翻译为 *The Book of Poetry*，而辜鸿铭翻译为 *The Book of Songs*。首先，作为中国人，我们都知道《诗经》创作的最初意图是用来歌唱的，它包括风、雅、颂三部分，记载着大约 300 首诗歌，被广大平民和众多贵族用以歌唱，所以将其翻译为 *The Book of Songs* 比翻译为 *The Book of Poetry* 更为合适；其次，poetry 主要指诗人创作的具有韵律美、形式美、内容美的用以欣赏的诗作，并不是用来歌唱的，从这个角度出发，将其翻译为 *The Book of Songs* 也更贴切。songs 与 poetry 之间的选择暴露出辜鸿铭与理雅各在通晓中国传统文化方面的优劣势。也正是具有这个优势，才会使辜鸿铭有更多的精力放在读者身上，揣摩译入语读者的认知背景，只需把最佳理解转换成最佳表达方式。辜鸿铭在充分理解的基础上，通常选用简单常用的译入语词汇和句法将原作意义表达出来，所以辜鸿铭译版使人读起来倍感轻松。此外，理雅各译版出现的误译，也表明了他在中国传统文化理解这一方面的弱势。例如，“《诗》云：‘节彼南山，维石岩岩。赫赫师尹，民具尔瞻。’”中理雅各将“师尹”翻译为 grand-teacher Yin，很明显他并没有理解“师”即为“太师”，指的是中国古代的一种爵位。辜鸿铭将其翻译为“Awful you are, my lord of Yin”，表达出太师尹的威严以及人民对他的敬仰。理雅各还有几处误译，文章篇幅有限，在此不再一一列举。

相对于辜鸿铭，理雅各在选词用词上占据着优势，因为英语是他的母语，所以在英语的综合运用上他占据着绝对优势。具体表现为理雅各用词很细腻、精准。例如：

原文：欲修其身者，先正其心。

理雅各译：Wishing to cultivate their persons, they first *rectified* their hearts.

辜鸿铭译：When they wanted to put their conversation aright, they began first by putting their minds *in a proper and well-ordered condition.*

通过对比斜体部分，可以看出理雅各用词精练，用 rectified 一词取代了 in a proper and well-ordered condition 一串词。理雅各在用词上还有很多可圈可点的地方，在此不一一列举。

通过对比分析理雅各和辜鸿铭的两个英译本《大学》，可以看出译者风格受多种因素的影响，包括文本类型、译者认知背景、译者自身的专业素养以及专业知识。在此概括地说，理雅各整体采用了异化的翻译策略，而辜鸿铭整体采用了归化的翻译策略，所以二者的翻译风格还是迥然不同的。就《大学》的翻译而言，辜鸿铭总体翻译水平确实略胜理雅各，这其实很正常。因为理雅各译版出现在辜鸿铭译版之前，为辜鸿铭后来的翻译提供了很多借鉴之处，这从两者的译文中可以看出，辜鸿铭直接采用了理雅各的译文。

二、理雅各与赵甄陶翻译风格对比

赵甄陶《孟子》英译本多采用当代英语词汇，这样做的目的在于顺应当代英语以大众化、简洁化、浅近化为主的发展特征，尽量在语言翻译环节稀释当代英语读者对古代中国思想观念的隔膜感，进而破除英语读者群对古代中华文化的接触障碍。

因此，在赵甄陶译本的语言特征方面，我们看到了一种翻译原则的实践，即：译者使用目标语读者感到自然和惯用的语言形式，让译文读起来更易懂、更流畅。

同样，也是为了让译本行文流畅，理雅各在《孟子》译本中增加了大量衔接手段。

在语法衔接方面，古汉语常省略主语或使用零式指称，但在英译文本中，英语指称衔接手段的使用对语篇衔接起到很大作用。例如，“察邻国之政，无如寡人之用心者。”的衔接部分译为“on...I do not find that...”很好地将上下文联系起来。译本中增加了大量连词来实现英语语篇的衔接，这对目的语读者理解语篇是不可或缺的。例如，“或百步而后止，或五十步而后止。以五十步笑百步，则何如？曰：不可，直不百步耳，是亦走也。”译为“Some run a hundred paces and stop; some run fifty paces and stop. What would you think if those who run fifty paces were to laugh at those who run a hundred paces?’ The king said, ‘They should not do so. Though they did not run a hundred paces, yet they also run away.’” 使得前后语意连贯，通俗易懂。

对于情态衔接，理雅各通过增加相应的情态助词来实现语篇衔接以此反映孟子的态度和观点。例如，“五亩之宅，树之以桑，五十者可以衣帛矣；鸡豚狗彘之畜，无失其时，七十者可以食肉矣；百亩之田，勿夺其时，数口之家可以无饥矣；谨庠序之教，申之以孝悌之义，颁白者不负戴于道路矣。”译为“Let...and...may...In...and...may...Let...and...shall not...Let…and...will not...”，may、shall not 和 will not 都很恰当地再现了作者的口气。

译文中衔接手段的运用对目的语语篇意义的构建作用是巨大的，不仅有助于译文语义表达的完整性和通畅性，而且对译本内涵的丰富程度也具有重要影响。

同时，在翻译《孟子》这部文化典籍时，理雅各和赵甄陶认真考察文章意义及文本目的，通过比较进行选词。

梁惠王曰：“寡人之于国也，尽心焉耳矣。河内凶，则移其民于河东，移其粟于河内；河东凶亦然。察邻国之政，无如寡人之用心者。邻国之民不加少，寡人之民不加多，何也？”孟子对曰：“王好战，请以战喻。填然鼓之，兵刃既接，弃甲曳兵而走。或百步而后止，或五十步而后止。以五十步笑百步，则何如？”曰：“不可，直不百步耳，是亦走也。”曰：“王如知此，则无望民之多于邻国也。”“不违农时，谷不可胜食也。数罟不入洿池，鱼鳖不可胜食也。斧斤以时入山林，材木不可胜用也。谷与鱼鳖不可胜食，材木不可胜用，是使民养生丧死无憾也。养生丧死无憾，王道之始也。”“五亩之宅，树之以桑，五十者可以衣帛矣；鸡豚狗彘之畜，无失其时，七十者可以食肉矣；百亩之田，勿夺其时，数口之家，可以无饥矣；谨庠序之教，申之以孝悌之义，颁白者不负戴于道路矣。七十者衣帛食肉，黎民不饥不寒，然而不王者，未之有也。”“狗彘食人食而不知检，涂有饿莩而不知发，人死，则曰：‘非我也，岁也。’是何异于刺人而杀之，曰‘非我也，兵也’？王无罪岁，斯天下之民至焉。”

对上段的翻译，在译文中要注意行文之间的逻辑关系。例如“无憾”的翻译 without any feeling against any，是“没有遗憾”的意思。去谷歌检索之后发现，该类用法只有 6000 多条，大部分来自理雅各译本，所以用得并不多。

对于“无憾”，赵甄陶译本是：Have no complaints about...

汉语文本中，句子结构相对比较松散，读者应该运用自己的推测、常识和逻辑来理清相邻句子之间的逻辑。相反，英语比汉语要简洁得多，句子之间由不同的连词进行衔接。例如：

原文：左右皆曰贤，未可也；诸大夫皆曰贤，未可也；国人皆曰贤，然后察之；见贤焉，然后用之。

理雅各译：“When all those about you say, —‘This is a man of talents and worth,’ you may not for that believe it. When your great officers all say, —‘This is a man of talents and virtue,’ neither may you for that believe it. When all the people say, —‘This is a man of talents and virtue,’ then examine into the case, and when you find that the man is such, employ him...”

赵甄陶译：If all those in close attendance on you say of a person that he is virtuous, it is not enough; if all your high officials say so, it is not enough; if all the people of the country say so, then investigate the case, and give him office when you find him to be really virtuous.

在该例句中，原文“皆曰贤”出现了三次。汉语文本非常简短，但是译文中有“...all say, —‘This is a man of talents and virtue,’ ...”和“...you say of a person that he is virtuous”两种译法。赵甄陶译本在这两处运用 all...say so，使句子看上去没有那么长，这是一个明智之举。

理雅各翻译“皆曰贤”，本来是间接引语却译为直接引语，这样能够给目的语读者一种直观的感受，就像有人在君主耳边说“他是一个君子”，将读者置于现场，而不管句子长短。

《孟子》一书最典型的特征在于古语以及雄辩。理雅各使用的是以风格典雅著称的维多利亚时期现代英语的书面语体，这使译本具有一定的文学美感，这有利于原文的再创造，但是在某种程度上丧失了原文的雄辩色彩。理雅各多采用直译的方法，导致翻译文本冗长，所以，他的译本有时非常拗口。

三、韦利与许渊冲翻译风格对比

本节运用语料库的方法，以道格拉斯·拜伯（Douglas Biber）提出的多维分析方法为框架，深入分析韦利和许渊冲《论语》英译本，对比两人的翻译风格。

自美国学者拜伯于 1988 年出版《口语及书面语间的语域变异》（*Variation across Speech and Writing*）以来，多维分析方法已成为进行话语分析的代表性方法之一。多维分析方法可以同时观察多个语言特征，并进行量化分析。但是由于其步骤较烦琐，技术难度大，需要研究者掌握一定的数据统计方法，因此在一定程度上限制了多维分析方法的发展。本书试图以多维分析方法为基础，对韦利和许渊冲的《论语》英译本进行对比分析，以期为《论语》英译本提供量化研究的一种尝试与探索。

多维分析方法在拜伯的代表作《口语及书面语间的语域变异》中进行了详细的阐述。基于 LOB（The Lancaster-Oslo/Bergen Corpus）和 LLC（London-Lund Corpus of Spoken English）语料库，拜伯总结出了 67 个语言特征，然后通过对这些语言特征进行多维度分析，拜伯构建出了多维分析的 7 个维度的模式（表 6.3）。其中各个维度均是一个连续的统一体，位于两端的语言特征分别代表两种相反的交际功能。

表 6.3 多维分析的 7 个维度

维度	名称
维度 1	交互性与信息性表达（involved versus informational producticn）
维度 2	叙述性与非叙述性关切（narrative versus non-narrative concerns）

续表

维度	名称
维度 3	指称明晰性与情景依赖型指称（explicit versus situational-dependent reference）
维度 4	显性劝说性表达（overt expression of persuasion）
维度 5	抽象信息与具体信息（abstract versus non-abstract information）
维度 6	即席信息精细度（online information elaboration）
维度 7	学术性模糊表达（academic hedging）

通过研究，拜伯发现第 7 个维度形成的数据较为稀薄，在实际研究中常常忽略不计，前 6 个维度彼此相互依赖形成一个连续统一的整体，其中前 5 个维度更为重要，应用更为广泛。

目前多维分析方法在比较分析会话、演讲、广播、小说、私人书信、学术文章等方面应用较广，它的成功之处就是运用大规模的数据进行分析归纳，是一种基于语料库的研究。随着大数据时代的到来，多维分析方法的优势会越来越明显。

本节所用语料来自《论语》英译本语料库中韦利《论语》英译本和许渊冲《论语》英译本，库容分别为 29 366 词和 23 002 词。由于多维分析方法在语言特征提取、频数整理、因子分析等操作技术上不仅对研究者要求高，而且难度也大。因此，这给一般研究者带来很大的技术障碍。鉴于此，本研究采用 Nini（2015）开发的多维标注与分析工具——MAT（Multidimensional Analysis Tagger，Version 1.3）。该 MAT 工具集文本标注、文本分析、数据统计于一体，实现了将一系列烦琐的工作简单化和自动化。更为重要的是，MAT 可以直接分析拜伯提出的六个功能维度，最后直接导出分析结果。

MAT 软件处理完语料后，会自动导出以下数据文本，包括语料文本在每个维度中的分布图、每个语言特征在各个文本中的频数标准分、与当前文本最接近的语域类型等等。通过比较两个文本的类符/形符比发现，韦译本的标准化类符/形符比为 199，许译本的标准化类符/形符比为 179，因此韦译本用词更丰富。对于平均词长而言，韦译本的平均词长为 4.20，许译本的平均词长为 4.14，由此可见，韦译本用词更高级，而许译本用词略显简单。譬如：

原文：子曰：“学而时习之，不亦说乎？有朋自远方来，不亦乐乎？人不知而不愠，不亦君子乎？”

韦利译：The Master said, “To learn and at due times to repeat what one has learnt, is that not after all a pleasure? That friends should come to one from afar, is this not after all delightful? To remain unsoured even though one's merits are unrecognized by others, is that not after all what is expected of a gentleman?”

许渊冲译：Is it not a delight, said the Master, to acquire knowledge and put it into practice? Is it not a pleasure to meet friends coming from afar? Is he not an intelligentleman, who is careless alike of being known or unknown?

从《论语》这一小节的译文可以看出，作为著名的英国汉学家，韦利用词较许译本更加丰富多变，例如运用了 delightful、merits 等词，风格更加书面化。在内容上，韦译本也做到了力图精准且信息性更强一些。许译本在做到忠实于原文的基础上，也试图在“形”上与原文保持对应，并尽力做到“音”美，体现了其“音美”“意美”“形美”的翻译三原则。

在第一个维度即交互性与信息性表达方面，许译本高于韦译本，文本的参与性、互动性强，表现出较强的感情色彩。相比于韦译本，许译本更多地使用了第一人称代词、第二人称代词和一般现在时等，使得其文本类型更接近演讲，召唤性更强一些。譬如：

原文：子曰：“由！诲女知之乎？知之为知之，不知为不知，是知也。”

韦利译：The Master said, “You, shall I teach you what knowledge is? When you know a thing, to recognize that you know it, and when you do not know a thing, to recognize that you do not know it. That is knowledge.”

许渊冲译：Shall I teach you what knowledge is? said the Master to Zi Lu, to admit what you know and what you do not know, that is knowledge.

许译本将原文的直接引语改为了间接引语，使得文本的人物身份更加明确，文本的互动性更强一些。

在第二个维度即叙述性与非叙述性关切方面，韦译本高于许译本，叙述性略强。这体现在韦译本更多地使用了过去时、第三人称代词、完成时等；而许译本则稍具有描述性、对话性和说明性，较少使用过去时。

在第三个维度即指称明晰性与情景依赖型指称方面，两个译本差别不大，都具有明显的指称明晰性。这体现在两个译本更多地使用了 wh-定语从句、短语从句、名词化等方式。例如：

原文：子曰：“质胜文则野，文胜质则史，文质彬彬，然后君子。”

韦利译：The Master said, “Where the solid qualities are in excess of accomplishments, we have rusticity; where the accomplishments are in excess of the solid qualities, we have the manners of a clerk. When the accomplishments and solid qualities are equally blended, we then have the man of virtue.”

许渊冲译：More natural than cultured, said the Master, one would appear rustic. More cultured than natural, one would appear artificial. An intelligentle man should appear both cultured and natural.

原文：子曰：“君子食无求饱，居无求安，敏于事而慎于言，就有道而正焉，可谓好学也已。”

韦利译：The Master said, “A gentleman who never goes on eating till he is sated, who does not demand comfort in his home, who is diligent in business and cautious in speech, who associates with those that possess the Way and thereby corrects his own faults—such a one may indeed be said to have a taste for learning.”

许渊冲译：An intelligentleman, said the Master, eats to live, and not lives to eat. He may dwell in comfort, but not seek comfort in dwelling. He should be prompt in action and cautious in speech. He should seek good company and amend his faults. Such a man may be said to be good at learning.

对于这句话，许译对“君子食无求饱，居无求安”的理解更加深刻到位。译文“An intelligentleman, said the Master, eats to live, and not lives to eat. He may dwell in comfort, but not seek comfort in dwelling”，不仅音韵优美，而且意境更加让人理解和认可。相比之下，韦利则连用四个定语从句，清晰地表明了君子的品性，可是在意思的传达上稍显逊色。

在第四个维度显性劝说性表达方面，许译本高于韦译本，这体现在许译本更多地使用了一系列的情态动词来表达劝诱的含义。例如：

原文：子曰：“巧言令色，鲜矣仁！”

韦利译：The Master said, “Clever talk and a pretentious manner are seldom found in the Good.”

许渊冲译：A good man, said the Master, would rarely say what he does not believe, or pretend to appear better than he is.

在第五个维度即抽象信息与具体信息方面，许译比韦译稍加具体。一般而言，连词、过去分词、被动结构在维度 5 上的共现表明了语篇风格的抽象程度。譬如：

原文：子曰：“道千乘之国，敬事而信，节用而爱人，使民以时。”

韦利译：The Master said, “A country of a thousand war-chariots cannot be administered unless the ruler attends strictly to business, punctually observes his promises, is economical in expenditure, shows affection towards his subjects in general, and uses the labour of the peasantry only at the proper times of year.”

许渊冲译：In a country of a thousand war-chariots, said the Master, the ruler should be respectful in deed and faithful in word, thrifty in expenditure and affectionate towards the people and tell them to labor at the proper times of the year.

此句中，韦利使用了 not…unless…句型和被动语态，并且加译了“管理”，将其理解为管理千乘之国需要的特质，而非千乘之国所需要的特质。此外，韦利将“节用而爱人”中的“人”译为 subject，译为“国民”，可见其对“人”字理解的深入与细致。而在“使民以时”中，韦利将其中的“民”译为 the labour of the peasantry，由此可以看出韦利深谙中国文化。由于中国古代农耕文明发达，广大的劳动人民其实就是农民。相比之下，许渊冲将“人”和“民”都译为 people，这可能是因为作为一名汉学家，韦利对中国传统文化中的某些概念更加敏感，体会得更为细腻。

综合以上讨论可以发现，许译本比韦译本具有更强的交互性、召唤性、劝说性和具体性，但是韦译本的叙述性更强一些，在涉及具体文化概念的翻译时，韦译本更加细致。

四、不同译本的“子曰”译法及内涵分析

理雅各将“子曰”译为 the Master said。尽管理雅各作为传教士的身份在一定程度上影响了译文风格，比如其多用 Heaven、the Way、God、Saint、sinner 等基督教意味的词汇来表达中国传统观念中的天、道、命、上天、圣人、罪人等概念，但在译及“子曰”时，他公正客观，没有将儒家文化作为神学宗教来对待，而将孔子作为一位谆谆诱导传授智慧的先师、大师，由此体现其对中国文化的理解、包容和尊重。

辜鸿铭将“子曰”译为 Confucius remarked，关于孔子他直接采用孔子的英语译名 Confucius，而未像理雅各采用更能彰显孔子文化身份和地位的 the Master。他更好地从西方读者的角度出发，因为对于未曾了解中国儒家文化传统的西方大众来说，孔子只是一个陌生人，只有随着不断地了解深入，才能领略他学说的智慧和奥妙；而且对于追求平等民主的西方社会来说，直接将孔子译成其英语名字更符合西方众生平等的理念，不偏不倚，不多不少，把孔子视作富有智慧的普通人也是公平公正而恰到好处的。对于“子曰”的“曰”，辜鸿铭则采取了更为精准的 remark，译为“谈论、评论，说出所思所见”，这更符合英语的表达习惯，一个动词即能清楚表达孔子在传授思想见地的内涵。总而言之，辜鸿铭言简意赅，高度意译，略去了对于西方大众来说艰涩难懂的东方文化部分，大量引用西方典故来使读者发现东西方文化之间的共同之处，从而更好理解儒家文化。

为了研究“子曰”在庞译《论语》中是如何翻译的，笔者通过语料库对庞译《论语》中有关“子”“夫子”的翻译进行检索，可获得以下数据（表 6.4）。

表 6.4 “子”和“夫子”的翻译

“子”“夫子”的英译	出现频次/次
He said	385
The big man	30
boss	7
Kung-tze	49

庞德将“子曰”译为 He said，而“子”的翻译还有 boss。例如：

Tze-Lu said: “Now, **boss**, I should like to hear your bent.”

(Hsi) said: **Boss**, why did you grin at “The Sprout”?

Tze-kung said: But, **boss**, if you don't say it, how can we little guys pass it on?

“夫子”“夫子”的翻译有 The big man，例如：

Tze-Kung said: **The big man** is easy-going and kindly, respectful in manner, frugal, polite, that's how he gets it.

A disciple asked: what does he mean? Tsang-tze said: **the big man**'s way consists in sincerity and sympathy, and that's all.

Tze-Kung said: **The big man**'s culture shows, one can manage to hear about that; the big man's words about the inborn-nature and the process of heaven, one cannot manage to hear. [They don't go in through the ear.]

“孔子”的翻译也有直接音译为 Kung-tze 的。例如：

Kung-tze said: If he can stand for that, what won't he stand for?

Kung-tze in his village, looking as if he were too simple-hearted to utter.

纵览众多译本，我们不难发现，“子”大多都译为 the Master 或 Confucius，或者表明孔子至圣先师的大师地位，或者直接简明地点出孔子的名字，而庞德则只是简单地译为 he，这似乎略有不妥，不切合孔子在中国传统文化中的重要地位。但据清朝刘宝楠的《论语正义》的训诂有言“子者，男子之通称”，因此从庞德力求简洁抓住精髓的角度来讲，将“子”译为 he 也许更为贴切。

在用词层面，理译偏于古旧正规，显得呆板笨重，与《论语》语录的浅白生动大异其趣，译文中的孔子是道貌岸然的“夫子”（the Master）和至圣先师；而庞译多用口头英语（美国英语），俚俗夹杂，活泼有趣，笔下的孔子是平易近人的当代智者和学生们的“老板”（boss）。应当说，两个译文的孔子都与真实的孔子有距离，都有译者的形象投射其中。理雅各作为严谨的学者，翻译时定不会不求甚解，而是尽力考证寻求依据，因此对原文一丝不苟的追求可能会造成冗长杂糅、庄重呆板的诟病；庞德作为意象派诗人的代表，提出了“语言能量”观，在翻译过程中强调节奏、选词和词语在上下语境中的意义，即他所说的语言本身所具有的力量。因此，庞译并不追求词语本身固定含义的准确，而是将其放入当下历史、文化、时代背景中，在语境中理解和阐释。庞译孔子多用 boss、the big man 这样简单有趣、贴近生活的词语，能让读者更好地理解孔子及其弟子之间亦师亦友、口传心授的和睦关系，读者读起来也是心领神会，更别有一番趣味。

此外，笔者还注意到，庞译有时直接将孔子音译译作 Kung-tze，这与庞译和其他译本中弟子的译法并无很大的区分，比如 Tze-Yu、Tze-Hsia 等，这表明庞德本身可能并不是很重视孔子的翻译。考虑到庞德的翻译目的是向读者灌输他所理解的儒家思想，而并不是涵盖另一种文化特有的文化背景知识和积淀，因此对于精髓之外的信息可能会有所忽略。此外，庞德不喜重复，往往将一句中意义相同的字译成不同的英文，因此庞译可能会因为追求语言多样性、减少重复而增加译法。在笔者所选择的三种译本中，庞译孔子的翻译是最多的。不同的译法也能体现孔子不同的身份和形象。he 在语境下默认为孔子，是大家都闻名的老师、先生。the big man 可理解为在道德品行和智慧上都比较高大，即学术颇有造诣而品行又如君子般高尚的人。boss 译为“老板”，在良好的师生关系中作为良师既要严格要求循循善诱，作为益友又要理解尊重学生、平等对待他们。boss 这个稍带戏谑玩笑意味的称呼既表达了孔子作为老师的重量和地位，也体现了他和学生之间友好和睦的关系和真挚的感情，值得琢磨。

上述三个译本对“子曰”的翻译，可以看到不同时代背景和需求、译者自身经验和目的以及对孔子的理解对翻译产生的影响。

五、译者风格差异动因

韦利和许渊冲两位大家各自以他们的文化视角向读者呈现了他们的译作，但是他们所处的地域环境、社会环境、历史背景、生活习俗以及传统习惯的差异造成了对同一文化理解和阐释的异同。

许渊冲先生作为本土著名的翻译大家，深谙中国传统文化，因此在做到准确传达文本意思的基础上，更加注重文本的功能与作用，重视译文与读者的对话。与此同时，许渊冲更注重译文的美学效果，力求做到“音美”“形美”“意美”。因此，在一定程度上，许译本充斥着丰富的文学信息，富有意境。

韦利作为英国著名的汉学家，翻译的目的在于引介中国传统文化或做汉文化方面的研究。因此，韦译本叙述性更强，简洁流畅，通俗易懂。在涉及中国传统文化方面的词汇方面，韦利深入推敲，译文更加细致、详尽。

第七章

结　　语

不同时期的译本映射出目标语文化的社会变迁和文化需求、翻译规范、译者的不同阐释视角等。翻译总是在“全球化”和“本土化”、“充分性”和“接受性”的张力之间斡旋，因而翻译研究需要关注译文在译入语中的接受情况，通过对优秀译本的梳理，发掘族群文化心理影响下译文接受规律。从语言层面看，形符/类符比、词表、关键词、平均句长、翻译句对比、关系从句、被动句等是评估译本质量的重要参数。借助语料分析软件对这些参数进行标注、检索、分析，可以客观描写译本语言特征，揭示译者风格。同时，借助民族志研究路径，能直观呈现读者阅读感受，通过对相关信息的梳理，可以解析国外读者的审美倾向、文化认同程度以及差异状况。将语料库分析方法与民族志研究路径相结合，可以对“四书”译本所涵带的逻辑思维特征，句法、语篇特征，接受-传播场域内的文化心理等，展开较为翔实的描写与呈现。译本质量也受到政治、哲学、文学等多个场域的交互碰撞，“四书”原文固有语言特征的渗透作用以及译者个人语言偏好等因素的影响，深入分析其因素构成，有助于从语言学、文化学两个维度把握译本的外部特征和内涵机理，触及“语言—思维—思想—文化认同”这一研究序列，最终指向传统文化、中国话语在国际上的文化空间拓展议题。

作为中华传统文化对外传播的一个经典案例，300 多年前开启的“四书”英译历程经由代代译者笔耕不辍，译本的文本形式、翻译策略、哲学思维不断向前发展，译本种类不断推陈出新，翻译活动薪火相传、迄今不息。也正是一代代中、外不同译者出于自身的汉学修养、语体偏好、翻译目的、立场站位、自我身份建构、潜在读者预判等方面的差异化特性，使这 300 多年间的“四书”英译本系统，形成了从文本形式到语言风格再到文化内涵等方面互不相同、各有千秋的繁盛发展面貌，也为世界文化之林贡献了丰富的英译文化资源。成功译本的优秀特质值得我们学习和传承，但也需要在传承的基础上实现超越。

作为文化接触的一个基本活动形态，翻译已经普遍化、高频度地出现于今天的世界之中。随着对翻译活动的实践研究和理论研究的深化，我们越来越清晰地意识到：翻译是一个译者接触原文—译者接受原文—译者生产译文—媒介传播译文—读者接受译文等一系列行为复合一体的过程。该过程背后起到规约化作用的，是原文和译文分别置身的不同生成环境、受纳语境；而构成这些环境、语境的要素，又往往源自文化、政治、哲学、经济、宗教、文学、语言学、美学、心理学等诸多关系紧密、结构复杂的场域与其子场域。

因此，翻译质量评估应注重对译本在这种复杂场域所建构的社会环境、文化语境中综合应对策略和传播接受效果的全面考察与评价。既不能纯粹以是否契合于原文精神、忠实于原文字句的单一语意标准，来判定翻译质量的高低；也不能完全从是否受到读者欢迎、受到学界重视等关乎接受状态的单一视角，来定性翻译作品的成败。

同时，翻译质量评估也是与时俱进的。今天的我们可以使用大数据挖掘、话语分析、意义建构、符号阐释、文化调适等多种技术手段或理论结构，多维度、多向度地对译本从生产过程到语言呈现形态，再到传播接受状态，进行更加综合、全面的考察，进行更加精确、细致、多层次的描写与判断。特别是大数据技术的支持下，我们完全可以更加全面、精准地掌握不同英语国家中不同文化层次、不同身份群体的读者对“四书”译本的具体需求，从而有针对性地在翻译活动中做出调整，促成高质量、高效度的翻译接受传播活动的实现。

在多种技术手段或理论路径的协助下，翻译质量评估能够更好地被放置于文化接触的动态过程之中，置身于跨文化传播的复杂语境下，去考量复杂场域结构对译本的生产、传播、接受诸环节的影响，考察译本对原文所属文化系统的再现以及对读者受众所属社会文化现场所做的自我调适，从传播伦理中梳理译本在文化传播中的角色意义，在受纳伦理中衡量译本所实现的跨文化传播的接受效果。

这种综合研究、全面分析的结果，不仅可以促进翻译学的发展，更深层地解释和揭示译本的传播接受规律，更重要的价值还在于，可以推进中华文化借助翻译活动不断走向世界。通过对译本的传播—受纳过程与伦理结构的考察和分析，我们已经明确意识到，在今天要让翻译走出去、让中华文明优秀成果走向世界，需要对接收端的社会文化心理状态做出精确的判定，不仅要确保语言形态意义上的译本的高质量，也要确保译本内容和文化内涵对接收端潜在受众群体的吸引力、期待视野的满足感、阅读体验的获得感。

参 考 文 献

安乐哲，郝大维. 2002.《中庸》新论：哲学与宗教性的诠释. 彭国翔译. 中国哲学史，（3）：5-17.

安乐哲，罗思文. 2003.《论语》的哲学诠释：比较哲学的视域. 余瑾译. 北京：中国社会科学出版社.

安乐哲. 2006a. 全球化的本土化与文化传承——还中国哲学以本来面目//乐黛云，李比雄. 跨文化对话. 第18辑. 南京：江苏人民出版社：129-140.

安乐哲. 2006b. 儒家学说与社会进步——美国的“东方化”. 东方论坛，（6）：9-13，17.

安宇. 2001. 冲撞与融合——中国近代文化史论. 上海：学林出版社.

巴赫金. 1998. 巴赫金全集（第四卷）. 白春仁，晓河，周启超，等译. 石家庄：河北教育出版社.

白玉杰. 2009. 论中国典籍英译本的跨文化传播能力——以《论语》英译本为例. 河南大学硕士学位论文.

包通法. 2007. 文化自主意识观照下的汉典籍外译哲学思辨——论汉古典籍的哲学伦理思想跨文化哲学对话. 外语与外语教学，（5）：60-65.

鲍宪阔，李艾文. 2008. 从《四书》的英译看中国经典的对外传译. 浙江万里学院学报，（4）：56-59.

毕波. 2010. 从目的论视角看庞德《论语》译本中的翻译策略. 南华大学硕士学位论文.

闭景景. 2012. 哲学阐释学观照下《孟子》两个英译本的比较研究. 广西大学硕士学位论文.

边立红. 2006.“君子”英译现象的文化透视. 外语学刊，（4）：94-99.

曹淑娟. 2011. 庞德译《大学》中译者主体性的体现. 重庆科技学院学报（社会科学版），（20）：109-111.

曹淑娟. 2012.《大学》庞德译本的译者主体性研究. 上海师范大学硕士学位论文.

曹威. 2010. 英译《论语》的哲学诠释研究——20 世纪 70 年代后英语世界的《论语》研究. 黑龙江大学博士学位论文.
陈飞亚. 1999. 简评理雅阁英译《论语》. 陕西中医函授，（4）：44.
陈建生，高博. 2011. 基于语料库的《诗经》两个英译本的译者风格考察——以"国风"为例. 天津外国语大学学报，（4）：36-41.
陈建生，刘刚. 2013. 基于语料库的译者风格研究——以《牡丹亭》的两个英译本为例. 天津外国语大学学报，（6）：45-51.
陈可培. 2006. 偏见与宽容　翻译与吸纳——理雅各的汉学研究与《论语》英译. 上海师范大学博士学位论文.
陈来. 2007. 朱熹《中庸章句》及其儒学思想. 中国文化研究，（2）：1-11.
陈琳琳. 2005. 析论理雅各对《孟子》中些许成语典故的翻译. 江西科技师范学院学报，（3）：65-67.
陈琳琳. 2006. 理雅各英译《孟子》研究. 福建师范大学硕士学位论文.
陈梅，文军. 2013. 《中庸》英译研究在中国. 上海翻译，（1）：21-25.
陈其元. 1989. 庸闲斋笔记. 北京：中华书局.
陈树千. 2015. 十九世纪"四书"在欧洲的传播研究. 黑龙江大学博士学位论文.
陈亚君. 2012.《论语》中关键词英译与信息对比性. 三峡大学学报（人文社会科学版），34：87-90.
陈旸. 2009.《论语》三个英译本翻译研究的功能语言学探索. 外语与外语教学，（2）：49-52.
陈宇婕. 2015. 十九世纪末至二十世纪初《论语》英译本文化传播策略研究——以辜鸿铭和韦利为中心. 福建师范大学硕士学位论文.
程钢. 2002. 理雅各与韦利《论语》译文体现的义理系统的比较分析. 孔子研究，（2）：17-28.
程欢欢. 2008. 《论语》两个英文译本的比较研究. 上海外国语大学硕士学位论文.
程裕祯. 2003. 中国文化要略. 北京：外语教学与研究出版社.
楚至大. 1995. 难能可贵与美中不足——评理雅各两段《孟子》的译文. 中国翻译，（6）：26-28.
崔永禄. 1999. 理解的困惑与译者的意图——阅读《论语》两个译本的札记. 外语教学，

（1）：20-24.

崔永禄. 2007. 试论中国经典文献外译的几个原则性问题. 外语与外语教学，（10）：43-46.

邓经武. 2002. 20 世纪初中西方诗歌的一次换位——论郭沫若和庞德//中国郭沫若研究会，四川省郭沫若研究学会. 郭沫若与百年中国学术文化回望. 成都：四川人民出版社：385-399.

邓联健. 2014. 从柯大卫英译《四书》“点评”看新教传教士之“译儒攻儒”. 外语学刊，（2）：90-95.

邸爱英. 2009. 对汉字的痴迷 对孔子的信仰——庞德的《论语》翻译. 电子科技大学学报（社科版），（6）：19-22.

丁建海. 2007. 动态顺应翻译策略——评析《论语》两译本. 四川文理学院学报，（6）：51-53.

丁莉. 2008. 从译者主体性角度看辜鸿铭的儒经翻译. 西南财经大学硕士学位论文.

丁水芳. 2011. 后殖民翻译理论视角下《中庸》英译研究——以辜鸿铭和安乐哲的译本为例. 长沙理工大学硕士学位论文.

丁四新. 2006. 近年来英语世界有关孔子与《论语》的研究（上）. 哲学动态，（11）：61-64.

丁往道. 1999. *100 Sayings of Confucius*. 北京：外语教学与研究出版社.

杜维明. 1999. 论儒学的宗教性——对《中庸》的现代诠释. 段德智译. 武汉：武汉大学出版社.

杜维明. 2013. 中庸. 北京：生活·读书·新知三联书店.

段怀清. 2005. 理雅各《中国经典》翻译缘起及体例考略. 浙江大学学报（人文社会科学版），（3）：91-98.

段怀清. 2006. 理雅各与维多利亚时代的英国汉学——评吉瑞德教授的《维多利亚时代中国古代经典英译：理雅各的东方朝圣之旅》. 国外社会科学，（1）：81-83.

樊培绪. 1999. 理雅各、辜鸿铭英译儒经的不及与过. 中国科技翻译，（3）：50-52.

范守义. 1987. 模糊数学与译文评价. 中国翻译，（4）：2-9.

范仲英. 1990. 谈谈中国姓名的英译问题. 中国翻译，（5）：38.

方美珍. 2011. 《大学》英译版本比较. 湖北函授大学学报，（10）：133-134.

方美珍. 2012. 多元视角下的《大学》英译本之得与失. 福建师范大学硕士学位论文.
费乐仁. 2017. 对安乐哲、郝大维英译《中庸》的文本和哲学批判. “全球史与中国 2017”系列讲座第 14 讲.
付桂佳. 2002.《论语》英译的几点思考. 湘潭工学院学报(社会科学版),(2):60-62.
付平平. 2012. 《孟子》两部英译本的比较研究. 福建师范大学硕士学位论文.
傅海英. 2008. 译者的文化责任——以辜鸿铭《论语》英译为例兼评理雅各英译本. 中南大学硕士学位论文.
于敏. 2014. 析《孟子》理雅各英译本中的语篇衔接手段. 西南交通大学硕士学位论文.
高敏霞. 2013. 理雅各(Legge)英译《孟子》研究. 曲阜师范大学硕士学位论文.
高晓仙, 赵国月. 2012. 误译的成因与对策研究——以亚瑟·韦利英译本《论语》为例. 太原大学学报,(3):33-38.
高一虹. 2000. 语言文化差异的认识与超越. 北京:外语教学与研究出版社.
高毅. 2002. 现代文明的东方因素泛论//刘海平. 文明对话:本土知识的全球意义:中国哈佛—燕京学者第三届学术研讨会论文选编. 上海:上海外语教育出版社:75-86.
辜正坤. 1989. 翻译标准多元互补论. 中国翻译,(1):16-20.
顾犇. 1999. 《论语》在海外的传播. 北京图书馆馆刊,(2):101-106.
韩翔宇. 2007. 论伽达默尔理解观的性质. 华东师范大学硕士学位论文.
韩效伟. 2011. 从态度系统看《论语》《学而》篇的评价意义. 语文学刊,(6):5-6, 14.
郝大维, 安乐哲. 1996. 孔子哲学思微. 蒋弋为, 李志林译. 南京:江苏人民出版社.
何刚强. 2005. 瑕瑜分明,得失可鉴——从 Arthur Waley 的译本悟《论语》英译之道. 上海翻译,(4):15-19.
何立芳. 2008. 理雅各英译中国经典目的与策略研究. 国外理论动态,(8):68-71.
何三宁. 2008. 翻译质量评估在我国译学中的定位. 湖北大学学报(哲学社会科学版),(6):120-124.
何三宁. 2010. “关联理论”视角下的翻译质量评估. 南京师大学报(社会科学版),(1):155-160.
何中华. 2003. 孟子“万物皆备于我”章臆解. 孔子研究,(5):6-19.
洪涛. 2002. 《孟子》英译所涉及的字义问题和文化问题. 聊城大学学报(哲学社会科

学版），（1）：123-126.
洪涛. 2003.《孟子》辩辞的英译. 聊城大学学报（社会科学版），（3）：42-44，41.
洪晓丽. 2008. 仁：作为道德本体的构成——孔子仁学研究. 复旦大学博士学位论文.
侯国金. 2005a. 语用标记价值假说与语用标记等效翻译假说. 外语学刊，（2）：15-23.
侯国金. 2005b. 语用标记等效值. 中国翻译，（5）：30-35.
侯健. 2015. 推而行之：《中庸》英译研究. 北京：科学出版社.
胡开宝. 2015. 基于语料库的莎士比亚戏剧汉译研究. 上海：上海交通大学出版社.
胡显耀. 2010. 基于语料库的汉语翻译语体特征多维分析. 外语教学与研究，（6）：451-458.
胡治洪，丁四新. 2006. 辩异观同论中西——安乐哲教授访谈录. 中国哲学史，（4）：112-119.
黄立波. 2014. 基于语料库的翻译文体研究. 上海：上海交通大学出版社.
黄伟. 2004. 浅谈《论语》中“君子”与“小人”的翻译. 钦州师范高等专科学校学报，（4）：56-58.
黄雪霞. 2005. 试析《论语》理亚各译本的失与误. 福建商业高等专科学校学报，（2）：34-35，49.
季红琴. 2009.《孟子》称谓翻译中人际功能的丢失与非等值重构. 吉首大学学报（社会科学版），（2）：144-147，155.
季红琴. 2011.《孟子》及其英译. 外语学刊，（1）：113-116.
季红琴. 2016. 基于读者接受的《孟子》英译与传播研究. 湖南师范大学博士学位论文.
冀爱莲. 2010. 翻译、传记、交游：阿瑟·韦利汉学研究策略考辨. 福建师范大学博士学位论文.
姜林祥. 2004. 儒学在国外的传播与影响. 济南：齐鲁书社.
姜秋霞，权晓辉. 2008. 翻译研究与论文写作——翻译学硕士研究生学位论文写作问题分析. 中国翻译，（2）：20-25，95.
蒋洪新. 2003. 赵甄陶英译诗词述评. 外语与外语教学，（12）：36-38.
经晶. 2010. 互文视角下的辜译《中庸》主体性研究. 新疆石油教育学院学报，（3）：298-300.
经晶. 2011. 互文性视角下的辜鸿铭之《中庸》英译文本研究. 广西民族大学硕士学位

论文.

孔丘. 2011. 辜鸿铭英译《论语》. 辜鸿铭译. 昆明：云南人民出版社.

乐黛云. 1998. 比较文学原理新编. 北京：北京大学出版社.

雷秀云，杨惠中. 2001. 基于语料库的研究方法及 MD/MF 模型与学术英语语体研究. 当代语言学，（2）：143-151，158.

李冰梅. 2009. 冲突与融合：阿瑟·韦利的文化身份与《论语》翻译研究. 首都师范大学博士学位论文.

李冰梅. 2012. 辜鸿铭与《论语》翻译. 兰台世界，（3）：13-14.

李钢，李金姝. 2013a.《论语》英译研究综述. 湖南师范大学社会科学学报，（1）：131-137.

李钢，李金姝. 2013b. 庞德《论语》英译研究. 湖南社会科学，（1）：242-244.

李钢. 2011.《论语》翻译的哲学之维——论安乐哲、罗思文《论语》英译. 译林，(10/12)：133-140.

李海燕. 2012. 评价理论视角下的《孟子》话语分析. 曲阜师范大学硕士学位论文.

李佳. 2010. 对外翻译和文化输出：以辜鸿铭《中庸》英译为例. 中央民族大学硕士学位论文.

李天辰，孔凡富，佟光武，等. 1991.《论语》汉英对照读本. 济南：山东大学出版社.

李天辰. 1999.《论语》英译体会点滴. 外语教学，（2）：39-41.

李鋈等. 2009. 孟子高级解读. 福州：海峡文艺出版社.

李亚丽. 2012.《孟子》英译研究——两个译本的个案分析. 上海外国语大学硕士学位论文.

李玉良，罗公利. 2009. 儒家思想在西方的翻译与传播. 北京：中国社会科学出版社.

李正栓，李双燕. 2013. 庞德汉诗英译原则研究——以《华夏集》和《大学》为例. 语言教育，（3）:54-59.

理雅各译释. 2014.《论语》《大学》《中庸》译释：汉英对照. 上海：上海三联书店.

连淑能. 1993. 英汉对比研究. 北京：高等教育出版社.

林琳. 2013. 中西文化交流视角下《论语》的英译研究. 河北大学硕士学位论文.

林语堂. 2009. *The Wisdom of Confucius*. 北京：外语教学与研究出版社.

林元彪. 2015. "碎片化阅读"时代中国典籍的翻译策略——以赖发洛《论语》英译本

的“近译”策略为例. 上海师范大学学报（哲学社会科学版），（5）：143-152.
刘单平. 2011.《孟子》三种英译本比较研究. 山东大学博士学位论文.
刘殿爵. 2004. 采掇英华——刘殿爵教授论著中译集. 香港：香港中文大学出版社.
刘红新. 2007. 译者主体性和译语文化规范观照下的辜鸿铭之儒家经典英译. 长沙理工大学硕士学位论文.
刘佳. 2011. 从马礼逊的《三字经》和《大学》译本看中国典籍在西方译介的影响. 赤峰学院学报（汉文哲学社会科学版），32（5）：173-175.
刘世生，刘立华. 2010. 评价研究与话语分析//黄国文，常晨光. 功能语言学年度评论（第1卷）. 北京：高等教育出版社：1-22.
刘世铸. 2010. 评价理论在中国的发展. 外语与外语教学，（5）：33-37.
刘文娜. 2012.《论语》英译本比较研究——以理雅各、威利、刘殿爵三种英译本为例. 山东大学硕士学位论文.
刘响慧. 2012. 操控理论下的庞德《大学》译本. 长春理工大学学报（社会科学版），（3）：88-89，94.
刘笑敢. 2008. 中国哲学与文化（第3辑）：经典诠释之定向. 桂林：广西师范大学出版社.
刘笑敢. 2009. 诠释与定向——中国哲学研究方法之探究. 北京：商务印书馆.
刘雪芹. 2010.《论语》英译语境化探索——从译本之辅文本看到的风景. 上海外国语大学博士学位论文.
刘永利，舒奇志. 2006. 从《论语》两个英译本比较看翻译的文化转向. 南华大学学报（社会科学版），（2）：89-91，94.
刘泽权. 2010.《红楼梦》中英文语料库的创建及应用研究. 北京：光明日报出版社.
刘仲宇. 1993. 儒释道与中国民俗. 沈阳：辽宁教育出版社.
刘重德. 1988. 文学风格翻译问题商榷. 中国翻译，（2）：2-7
刘重德. 2001.《论语》韦利英译本之研究——兼议里雅各、刘殿爵英译本. 山东外语教学，（2）：15-17.
柳士军. 2002. Waley 英译《论语》赏析. 信阳师范学院学报（哲学社会科学版），（4）：101-103.
卢晓燕. 2013. 翻译适应选择论视角下的理雅各《大学》英译研究. 东华大学硕士学位

论文.
陆谷孙. 1991. 英汉大词典. 上海：上海译文出版社.
罗丹. 2011.《论语》中核心文化负载词的多维翻译——基于《论语》两个英译本的比较研究. 南华大学硕士学位论文.
马祖毅，任荣珍. 1997. 汉籍外译史. 武汉：湖北教育出版社.
马祖毅. 1983.《四书》、《五经》的英译者理雅各. 中国翻译，（6）：51，45.
孟宇. 2013. 后殖民翻译理论视角下《中庸》英译文本研究——辜鸿铭译本与理雅各译本之比较. 山东大学博士学位论文.
莫卡德. 2006. 解读的衰落：美国汉学的“哲学转向”. 周锋利译. 求是学刊，（2）：5-17.
牟宗三. 1999. 心体与性体（上中下）. 上海：上海古籍出版社.
倪蓓锋. 2005. 从译者主体性角度看《论语》译本的多样性. 广东外语外贸大学硕士学位论文.
倪蓓锋. 2015. 国内《论语》翻译研究：述评与前瞻——基于全国硕士翻译研究论文（2000～2014）. 扬州大学学报（人文社会科学版），（5）：122-128.
倪德卫. 2006. 儒家之道：中国哲学之探讨. 周炽成译. 南京: 江苏人民出版社.
倪培民. 2005. 从功夫论的角度解读《中庸》——评安乐哲与郝大维的《中庸》英译. 求是学刊，（2）：6-12.
蒲璞. 2012. 基于语料库的译者风格研究——以《边城》为例. 西南大学硕士学位论文.
钱桂荣，钟克万. 2010. 辜鸿铭英译儒经研究：回顾与展望. 武汉大学学报（人文科学版），（6）：774-778.
钱健颖. 2012. 辜鸿铭的《论语》英译本的复调性研究. 东华大学硕士学位论文.
钱艳. 2013. 文化过滤视角下《中庸》两英译本比较研究. 重庆大学硕士学位论文.
钱兆明，欧荣. 2015. 缘起缘落：方志彤与庞德后期儒家经典翻译考. 浙江大学学报（人文社会科学版），（3）：124-132.
乔飞鸟. 2012.《中庸》英译本比较研究——以理雅各、辜鸿铭、陈荣捷译本为例. 山东大学硕士学位论文.
乔宇涛. 2013. 阐释学视域下《论语》六个英译本的比较研究. 哈尔滨师范大学硕士学位论文.

秦洪武，王克非. 2013. 重译评估的语料库方法：Robinson Crusoe 的两个中译本. 燕山大学学报（哲学社会科学版），14（4）：39-44.

秦洪武. 2010. 英译汉翻译语言的结构容量：基于多译本语料库的研究. 外国语，（4）：73-80.

全增嘏. 1985. 西方哲学史（上册）. 上海：上海人民出版社.

任伟. 2005. 试论中国译者在汉籍英译中的角色——以《孟子》为例. 四川大学硕士学位论文.

任伟. 2008. 大中华文库版《孟子》文本外注释研究. 重庆科技学院学报（社会科学版），（7）：139-140，184.

荣红. 2008. 基于多维度分析模式的语言变异研究综述. 河北大学学报（哲学社会科学版），（1）：107-112.

儒风. 2008. 《论语》的文化翻译策略研究. 中国翻译，（5）：50-54.

史华兹. 2004. 古代中国的思想世界. 程钢译. 南京：江苏人民出版社.

司显柱. 2004. 论功能语言学视角的翻译质量评估模式研究. 外语教学，(4)：45-50.

斯蒂克勒. 2005. 解释《中庸》：孔子是诡辩派还是亚里士多德派. 蓝海霞，蓝复生译. 求是学刊，（2）：13-21.

宋晓春. 2014. 阐释人类学视阈下的《中庸》英译研究. 湖南师范大学博士学位论文.

宋晓春. 2014. 新柏拉图之光与庞德的《中庸》翻译. 中国比较文学，（2）：127-137.

孙英丽. 2009. 中国经典对西方思想的影响——英美对《大学》《中庸》等经典的译介. 社会科学战线，（11）：243-246.

谭晓丽. 2011. 和而不同——安乐哲儒学典籍合作英译研究. 复旦大学博士学位论文.

谭晓丽. 2012. 安乐哲、郝大维《中庸》译本与美国实用主义. 中国翻译，（4）：75-79.

汤森. 2002. 马礼逊——在华传教士的先驱. 吴相译. 郑州：大象出版社.

唐文璐. 2012. 被操控的主体：以理雅各译介《孟子》为例. 湖南师范大学硕士学位论文.

陶乃侃. 2006. 庞德与中国文化. 北京：首都师范大学出版社.

田怡俊，包通法. 2010. 辜鸿铭译者文化身份与翻译思想初探. 上海翻译，（1）：61-65.

王东波. 2008a. 《论语》英译比较研究——以理雅各译本与辜鸿铭译本为案例. 山东大学博士学位论文.

王东波. 2008b. 《论语》英译的缘起与发展. 孔子研究，（4）：119-125.

王东波. 2008c. 理雅各与中国经典的译介. 齐鲁学刊，（2）：31-34.
王海燕. 2008. 从图里的翻译规范论看辜鸿铭《论语》的英译. 中南大学硕士学位论文.
王辉，叶拉美. 2008. “直译”的政治：马礼逊《大学》译本析论. 广东外语外贸大学学报，（3）：59-62.
王辉. 2001. 《论语》中基本概念词的英译. 深圳大学学报（人文社会科学版），（5）：116-121.
王辉. 2003a. 理雅各英译儒经的特色与得失. 深圳大学学报（人文社会科学版），（4）：115-120.
王辉. 2003b. 理雅各与《中国经典》. 中国翻译，（2）：37-41.
王辉. 2004. 理雅各、庞德《论语》译本比较. 四川外语学院学报，（5）：140-144.
王辉. 2005. 析字法与庞德的《大学》译本. 翻译季刊，（38）：62-82.
王辉. 2007a. 后殖民视域下的辜鸿铭《中庸》译本. 解放军外国语学院学报，（1）：62-68.
王辉. 2007b. 理雅各的儒教一神论. 世界宗教研究，（2）：134-143.
王辉. 2008. 理雅各《中庸》译本与传教士东方主义. 孔子研究，（5）：103-114.
王辉. 2011. 新教传教士译者对孔子和儒家经典的认识. 孔子研究，（5）：117-126.
王家义. 2008. 基于语料库的译者风格考察——以《茶馆》的两个英译本为个案分析. 湖南科技大学硕士学位论文.
王家义. 2010. 基于语料库的译者风格研究. 湖南工程学院学报，（4）：51-54.
王菁. 2016. 《孟子》英译比较研究——以孟子的经济思想为例. 内蒙古大学硕士学位论文.
王美玲. 2015. 阿瑟·韦利（Arthur Waley）英译《孟子》研究. 曲阜师范大学硕士学位论文.
王宁. 2006. 文化翻译与经典阐释. 北京：中华书局.
王勇. 2006. 20 年来的《论语》英译研究. 求索，（5）：178-181.
王勇. 2009. 《论语》英译的转喻视角研究. 上海交通大学硕士学位论文.
王樟芳，俞影飞. 2015. 《论语》中“仁”的英译比较研究——以理雅各、辜鸿铭译本为例. 现代语文（语言研究版），（1）：158-160.
王振华，路洋. 2010. “介入系统”嬗变. 外语学刊，（3）：51-56.

王振华，马玉蕾. 2007. 评价理论：魅力与困惑. 外语教学，（6）：19-23.
韦伯. 2006. 新教伦理与资本主义精神. 于晓，陈维纲等译. 西安：陕西师范大学出版社.
韦利. 2008. 论语：汉英对照. 杨伯峻今译. 长沙：湖南人民出版社.
魏望东. 2013. 刘殿爵的《论语》翻译策略. 当代外语研究，（6）：50-55.
吴新祥，李宏安. 1984. 等值翻译初探. 外语教学与研究，（3）：2-10.
吴争春. 2012. 辜鸿铭伦理思想研究. 中南大学硕士学位论文.
吴志刚. 2009. 准确理解原作是典籍英译的关键——理雅各英译《孟子》指瑕. 重庆科技学院学报（社会科学版），（5）：147-148.
武光军. 2007. 当代中西翻译质量评估模式的进展、元评估及发展方向. 外语研究，(4)：73-79.
武姜生. 2004. “学术交流 e-mail”文体特征的多维度分析. 外语与外语教学，（2）：53-57.
奚永吉. 2001. 文学翻译比较美学. 武汉：湖北教育出版社.
习近平. 2014. 在纪念孔子诞辰 2565 周年国际学术研讨会暨国际儒学联合会第五届会员大会开幕会上的讲话. http://www.xinhuanet.com/politics/2014-09/24/c_1112612018.htm [2021-04-30].
肖忠华. 2012. 英汉翻译中的汉语译文语料库研究. 上海：上海交通大学出版社.
谢青. 2013.《论语》韦利英译本和林语堂英译本之对比分析. 河南工业大学学报，(3)：119-122.
徐珺. 2010. 汉文化经典误读误译现象解析：以威利《论语》译本为例. 外国语，（6）：61-69.
徐来. 2005.《庄子》英译研究. 复旦大学博士学位论文.
许慎. 2013. 说文解字. 北京：中华书局.
许渊冲. 2005. 论语（汉英对照）. 北京：高等教育出版社.
杨伯峻. 2013. 论语译注. 北京：中华书局.
杨翠翠. 2014. 理雅各《大学》英译本中厚重翻译的应用. 河南大学硕士学位论文.
杨平. 2008a.《论语》核心概念“仁”的英译分析. 外语与外语教学，（2）：61-63.
杨平. 2008b.《论语》的英译研究——总结与评价. 东方丛刊，（2）：129-149.
杨平. 2008c. 评西方传教士《论语》翻译的基督教化倾向. 人文杂志，（2）：42-47.

杨平. 2009.《论语》英译的概述与评析. 浙江教育学院学报，（5）：37-47.
杨平. 2010. 20 世纪《论语》的英译与诠释. 孔子研究，（2）：19-30.
杨平. 2011. 中西文化交流视域下的《论语》英译研究. 北京：光明日报出版社.
杨颖育. 2010. 百年《孟子》英译研究综述. 西华师范大学学报（哲学社会科学版），（5）：86-90.
杨正军，何娟. 2013. 国内 1990—2012 年《论语》翻译研究现状及不足. 青岛农业大学学报（社会科学版），（1）：83-87.
于培文. 2016. 英语世界的《四书》英译研究——基于 EBOSCO 和 JESTOR 数据库的期刊论文调查. 苏州大学学报（哲学社会科学版），（5）：158-166.
余敏. 2001. 从理雅各英译《孟子》看散文风格的传译. 华中师范大学硕士学位论文.
宇文所安. 2003. 中国文论：英译与评论. 王柏华，陶庆梅译. 上海：上海科学院出版社.
岳峰. 2004a. 架设东西方的桥梁——英国汉学家理雅各研究. 福州：福建人民出版社.
岳峰. 2004b. 关于理雅各英译中国古经的研究综述——兼论跨学科研究翻译的必要性. 集美大学学报（哲学社会科学版），（2）：51-57.
岳峰. 2004c. 理雅各宗教思想中的中西融合倾向. 世界宗教研究，（4）：88-96.
曾振宇. 2002. 儒家孝论的发生及其变异. 文史哲，（6）：47-54.
张娇. 2015. 话语基调视角下的《孟子》英译本比较研究. 北京科技大学博士学位论文.
张静. 2008. 理雅各《孟子》翻译研究. 山东大学硕士学位论文.
张琳娜. 2011. 顺应—关联模式下《孟子》中的隐喻构建与理解. 广西师范大学硕士学位论文.
张琪. 2014. 人生必读书：大学・中庸. 济南：山东美术出版社.
张锡勤. 2011. 儒学在中国近代的命运. 北京：人民出版社.
章莉. 2010. 后殖民视域下辜鸿铭的儒经英译. 浙江师范大学硕士学位论文.
赵常玲. 2017. 功能语境视角下的《中庸》英译本比较研究. 北京科技大学博士学位论文.
赵辉. 2010.《中庸》哲学诠释方法新议——以英译《中庸》为中心的比较研究. 上海师范大学硕士学位论文.
赵晴. 2010. 基于语料库的《红楼梦》两个英译本的译者风格研究. 西南农业大学学报（社会科学版），（5）：158-163.

赵桐. 2016. 哲学阐释学视角下《大学》英译对比研究——以理雅各和林语堂的译本为例. 四川外国语大学硕士学位论文.

赵文源. 2005. 文化词语的翻译——比较《孟子》的两个英译本. 中国海洋大学硕士学位论文.

赵毅衡. 1983. 诗神远游. 上海：上海译文出版社.

赵毅衡. 1996. 儒者庞德——后期《诗章》中的中国. 中国比较文学，（1）：42-60.

赵毅衡. 2003. 诗神远游——中国如何改变了美国现代诗. 上海：上海译文出版社.

赵长江. 2014. 19 世纪中国文化典籍英译研究. 南开大学博士学位论文.

甄春亮. 2001. 里雅各翻译的《论语》. 天津外国语学院学报，（2）：5-8.

郑建青. 1999. 埃兹拉·庞德与中国意象. 武汉工程职业技术学院学报，（3）：49-53.

郑玉凤，陈可培. 2010. 从翻译规范论视角评析辜鸿铭英译《中庸》. 牡丹江大学学报，（5）：75-77.

钟明国. 2009. 辜鸿铭《论语》翻译的自我东方化倾向及其对翻译目的的消解. 外国语文，（2）：135-139.

朱宝峰. 2006. 辜鸿铭翻译思想研究. 大连理工大学硕士学位论文.

朱冬梅. 2012. 评价理论视角下《孟子·尽心下》研究. 河南大学硕士学位论文.

朱萍. 2009. 辜鸿铭英译《中庸》的策略. 安徽文学，（11）：235-236.

朱青菊. 2008. 基于朗文语料库的高频会话词串功能认知分析. 湖南科技学院学报，（2）：156-157.

朱仁夫，魏维贤，王立礼. 2004. 儒学国际传播. 北京：中国社会科学出版社.

邹少芹. 2011. 论庞德对《论语》的创造性翻译. 广东商学院硕士学位论文.

Abrams, M. H. A. 2004. *Glossary of Literary Terms*. Beijing: Foreign Language Teaching and Research Press.

Ames, R. T. & Rosemont, H. 1998. *The Analects of Confucius: A Philosophical Translation*. New York: The Random House Publishing Group.

Baker, M. 1993. Corpus linguistics and translation studies: Implications and applications. In M. Baker, G. Francis & E. Tognini-Bonelli (Eds.), *Text and Technology: In Honour of John Sinclair* (pp. 233-250). Amsterdam: John Benjamins Publishing Company.

Biber, D. 1988. *Variation across Speech and Writing*. Cambridge: Cambridge University

Press.

Boodberg, P. A. 1953. The semasiology of some primary Confucian concepts. *Philosophy East and West*, 2(4): 317-332.

Brooks, B. & Brooks, T. 1998. *The Original Analects: Sayings of Confucius and His Successors*. New York: Columbia University Press.

Brunette, L. 2000. Towards a terminology for translation quality assessment: A comparison of TQA practices. *The Translator*, (2): 169-182.

Carroll, J. B. 1966. An experiment in evaluating the quality of translation. *Mechanical Translation and Computational Linguistics*, (9): 55-66.

Chan, A. K. L. 2002. *Mencius: Contexts and Interpretations*. Honolulu: University of Hawai'i Press.

Cheadle, P. M. 1989. The vision of light in Ezra Pound's *The Unhobbling Pivot*. *Twentieth Century Literature*, (2): 124-126.

Cheng L. 1948. *The Four Books: Confucian Classics Translated from the Chinese Texts Rectified and Edited with an Introduction (Ancient Chinese Classics Series)*. Shanghai: The World Publishers.

Coleman, E. J. 1972. Review: Mencius by D. C. Lau. *Philosophy East and West*, 22(1): 113-114.

Collie, D. 1828. *The Chinese Classical Work Commonly Called the Four Books*. Malacca: Mission Press.

Dubs, H. H. 1933. Review: Mencius by Leonard A. Lyall. *The Journal of Philosophy*, 30(26): 717-719.

Durant, A. 1981. *Ezra Pound: Identity in Crisis—A Fundamental Assessment of the Poet and His Work*. Sussex: The Harvester Press, Barnes & Noble.

Durrant, S. W. 1981. On translating *Lun y ü*. *Chinese Literature: Essays, Articles, Reviews*, 3(1): 109-119.

Duyvendak, J. J. L.1935. Review: Mencius by Leonard A. Lyall. *The Journal of Philosophy*, 32(13): 362.

Edwards, E. 1993. Review: Mencius by Leonard A. Lyall. *Bulletin of the School of Oriental*

Studies, 7: 175-201.

Giles, L. 1907. *The Sayings of Confucius: A New Translation of the Greater Part of the Confucian Analects*. London: John Murray.

Hermans, T. 1996. The translator's voice in translated narrative. *Target: International Journal of Translation Studies*, (1): 23-48.

Hood, S. & Martin, J. 2005. Invoking attitude: The play of graduation in appraising discourse. *Revista Signos*, (58): 195-220.

House, J. 1997. *Translation Quality Assessment: A Model Revisited*. Tubingen: Narr.

House, J. 2001. Translation quality assessment: Linguistic description versus social evaluation. *META*, (2): 243-257.

Huang, C. 1997. *The Analects of Confucius: A Literal Translation with an Introduction and Note*. New York: Oxford University Press.

Jennings, W. 1895. *Confucian Analects*. London and New York: George Routledge & Sons, Ltd.

Jonker, D. R. 1973. Review: Mencius by D. C. Lau. *T'oung Pao, Second Series*, 59: 1-5.

Lau, D. C. (trans.). 1979. Confucius: *The Analects*. London: Penguin.

Li, D. (trans.). 2000. *Analects of Confucius: A New-Millennium Translation. Choice Reviews Online*, 37(5): 27-37.

Martin, J. R. & White, P. R. R. 2005. *The Language of Evaluation: Appraisal in English*. Beijing: Foreign Language Teaching and Research Press.

Nida, E. A. 1964. *Toward a Science of Translating*. Leiden: E.J. Brill.

Nini, A. 2015. Multidimensional Analysis Tagger (Version 1.3). http://sites.google.com/site/multidimensionaltagger [2017-09-16].

Nivison, D. S. 1980. On translating Mencius. *Philosophy East and West*, 30(1): 93-122.

Nord, C. 1991. *Text Analysis in Translation*. Amsterdam: Rodopi.

Nord, C. 1992. Text analysis in translator training. In C. Dollerup & A. Loddegard (Eds.), *Teaching Translation and Interpreting* (pp. 39-48). Amsterdam: John Benjamins Publishing Company.

Olohan, M. 2004. *Introducing Corpora in Translation Studies*. London & New York:

Routledge Taylor & Francis Group.

Palmer, F. R. 2008. *Mood and Modality.* Beijing: World Publishing Corporation.

Pound, E. 1933. *Confucius Analects*. London: Peter Owen Ltd.

Pound, E. 1953. *The Translations of Ezra Pound, with an Introduction by Hugh Kenner.* London: Faber and Faber.

Pound, E. 1961. *ABC's of Reading.* London: Faber and Faber.

Pound, E. 1969. *Confucius: The Great Digest, the Unhobbling Pivot, the Analects.* New York: A New Directions Book.

Pound, E. 1973. *Selected Prose, 1909-1965.* London: Faber and Faber.

Reiss, K. 2000. *Translation Criticism: The Potentials & Limitations.* Shanghai: Shanghai Foreign Language Education Press.

Rule, P. A. 1986. *K'ung-tzu or Confucius? The Jesuit Interpretation of Confucius.* Sydney, Boston and London: Allen and Unwin.

Schaberg, D. 2011. "Sell it! Sell it!" : Recent translations of *Lunyu*. *Chinese Literature: Essays, Articles, Reviews*, 23: 115-139.

Sivin, N. 2004. On some dimensions of the *Zhongyong*. *Dao*, (2): 167-172.

Soothill, W. E. 1910. *The Analects of Confucius.* Yokohama: Fukuin Printing.

Spence, J. 1997. What Confucius said. *The New York Review of Books*, (6): 8-13.

Taam, C.-W. 1953. On studies of Confucius. *Philosophy East and West*, (2): 147-165.

Venuti, L. 2004. *The Translation Studies Reader*. New York: Routledge.

Waley, A. 1949. Notes on Mencius. *Asia Major* (New Series), (1): 99-108.

Waley, A. 1998. *The Analects*. Beijing: Foreign Language Teaching and Research Press.

Xiao, R. 2009. Multidimensional analysis and the study of world Englishes. *World Englishes*, (4): 421-450.